中国家居终端赢利之道

互联网＋时代下的家居终端应该怎么卖？

吴永康・著

中国财富出版社

图书在版编目（CIP）数据

中国家居终端赢利之道／吴永康著．—北京：中国财富出版社，2016.1

ISBN 978－7－5047－5516－2

Ⅰ.①中…　Ⅱ.①吴…　Ⅲ.①家具—市场营销学—中国　Ⅳ.①F724.785

中国版本图书馆 CIP 数据核字（2014）第 299270 号

策划编辑　赵笑梅　　**责任编辑**　王　波　赵笑梅

责任印制　何崇杭　　**责任校对**　饶莉莉　　**责任发行**　敬　东

出版发行　中国财富出版社

社　　址　北京市丰台区南四环西路 188 号 5 区 20 楼　　**邮政编码**　100070

电　　话　010－52227568（发行部）　　010－52227588 转 307（总编室）

010－68589540（读者服务部）　　010－52227588 转 305（质检部）

网　　址　http://www.cfpress.com.cn

经　　销　新华书店

印　　刷　北京京都六环印刷厂

书　　号　ISBN 978－7－5047－5516－2/F·2293

开　　本　710mm×1000mm　1/16　　**版　　次**　2016 年 1 月第 1 版

印　　张　12.75　　**印　　次**　2016 年 1 月第 1 次印刷

字　　数　183 千字　　**定　　价**　32.00 元

中国家居迎来双核营销时代

近年来，中国家居行业发展迅速，家具大型卖场、家具专卖店、家具连锁店等像雨后春笋般蓬勃而出。但是随着竞争的加剧，家具店的销售方式和内容却逐渐趋同化，许多曾经“一招鲜，吃遍天”的操作方式，已经无法适应目前日益开放的市场环境。

时过境迁，家具店的日子越来越难过，和以往家具店“建一个店赚一个店”的年头相比，今天家具店亏损并不鲜见。家具店动辄上百万元的投资，经营起来却步履维艰。现在家具店的困境有哪些，又该如何突破呢?

首先，家具店只重销量，忽视品牌。在品牌意识不够、品牌管理技能低劣的情况下，家具店需要的只是销量，他们的营销是围绕家具的销售展开的：通过广告、展示、促销等，吸引客户到店来购买家具，这是非常正确的。但是，仅仅如此又是非常不够的。这会让家具店里的工作人员认为，一旦家具运送安装完成，家具店的任务也就完成了，至于之后顾客使用体验满意与否，并没有人去关心。也就是说家具店卖的只是商品本身，而并非具有品牌内容的家具及其文化。而在目前家具商品同质化程度极高的情况下，竞争非常激烈，家具店为完成销售任务，往往会相互压价，利润越降越低，甚至“赔本赚吆喝”。于是，家具店没有一套系统的营销体系，也没有形成自己的核心竞争力。消费者往往是在朋友那里或者家具店里看到某款自己喜欢的家具商品，衡量自己能支付得了那个价格时就会选择购买，购买完家具之后只能记得那件家具长得什么样子，是什么颜色，至于那款家具是什么品牌和那个家具店的名字就没有印象了。家具商品是厂家的，顾客是大家的。家具店实际上对上游和下游都没有控制权，只能在夹缝中求生存。

其次，业务管理流程缺失。就目前而言，很多家具都没有制订相关科学的业务管理流程，也很少做顾客满意度调查，当然，更没有把自己门店的销售数据“上报”给家具厂家或者上级管理者的习惯。所以，家具厂家和上级管理者也无法对家具店的销售和服务进行相应的指导和要求，因此，也无法根据市场需求来提高客户的满意度。

今天顾客购买了某个品牌的家具，并不代表顾客对这个家具品牌有认知，也可能是因为价格适宜，或者正好喜欢这款家具的色彩或者造型。因为无法通过品牌来吸引顾客，也就是说今天购买你家具的顾客并不一定会回头，竞争对手的降价或者其他的好处会很轻易就把他们吸引走了。

更重要的是，本次顾客在这个家具店里购买了某件家具，可能也很满意，但是下次购买时可能又过了很久，人们对这种满意的记忆很容易淡忘，到下次需要购买时，他可能会找别人去了。因此，家具店的顾客流失非常严重，顾客年流失率高达 70% 以上。如果家具行业有套完整的业务管理流程，从售前、售中、售后到关系维护进行管理，那么，家具店的客户流失率将大大降低，而家具店的生意也会越做越好。

最后，守株待兔，被动营销。现在的家具店基本上都是“坐商”，缺乏主动营销手段。家具店的销售是非常被动的，基本上是待在店里等顾客上门。顾客上门后，销售员跟上去，说服顾客买自己店内的家具。这种“坐商”模式，一旦顾客离开后，店员除了打打电话，基本上就无能为力了。少有家具店能够通过长期的客户交流，将客户锁定为自己的忠实客户。

虽然现在很多大型的家居广场为了吸引顾客，也经常在做一些诸如投放广告、举办家具展、开展各种节日促销活动等，对进驻在这些广场中的家具店也起到一定的帮助作用，但这往往都是以整个家居卖场的品牌出现的，各个家具店只是配合参与，从而获得客户信息。平时，家居广场等开展的各种营销活动，也是以宣传家居广场品牌为主，对进驻在里面的家具店品牌的影响基本可以忽略不计。这样一来，很多顾客也难以记住某个家具店或者家具品牌的名字。

从以上几个环节上看，家具店都没有形成自己的品牌，又疏于客户管理，家具店也习惯于“守株待兔”，在这种情况下出现家具店经营困境就不难理解了。

在这个家居经营的汪洋大海中，有人生意兴隆、一帆风顺；有人则经营惨淡、丢盔弃甲……于是许多正在开店经商的人大吐苦水，感叹竞争激烈，生意难做。的确，在“千米之内百家店”的竞争环境中，要想成功地经营好一家家具店确非易事。各方面的工作都要做到位，各个环节都不能出现问题。

中国家居营销是一门艺术，也是一门学问，涉及诸多环节，需要借助科学的理论、有效的工具和灵活的方法来进行管理。家具旺铺要做到从无到有，从小到大，从大到强，就必须要有系统的营销理论知识。

本书基于中国家居行业未来发展与变革需要，以中国家居行业全新商业运营模式和未来营销战略规划为前提，在满足中国家居终端商业模式与经营创新需求的前提下，率先在中国家居行业提出“双核营销”商业模式，从而引领中国家居进入双核营销时代。

即：中国家居双核营销＝终端资源的系统整合（旨在解决人气）＋
运营培训的落地执行（旨在提高开单能力）

吴永康

2014 年 10 月

目 录

第一章

塑造“亮眼”的家具店形象

家具店是一个舞台，是店主、顾客与导购共同演出的场所，而演出的道具就是家具，当一出戏上演时，如果舞台的设计能与演员、道具达到相得益彰的效果，必然是一出既叫好又叫座的戏。终端形象维护就是舞台设计，是家具店配置与规划的“原点”，必须围绕如何“吸客、聚客、留客”的六字原则来展开。

第一节　树立卖场形象

在家居行业内流传这么一句话，家居专卖店的形象决定了20%以上的销售业绩。很多家具店，代理的品牌知名度一般，但因为专卖店形象非常到位，而创造出了良好的销售业绩。

1. 家具店命名原则

影响家具店形象的因素有很多，其中店名是最直接的因素。

对于家具店老板来说，给家具店起名的环节不可谓不重要。创业者开店的主要目的在于赚钱，除去那些远大的理想，致富这个目标都想尽快实现。店主们会想方设法吸引顾客的注意，而在这方面，起一个醒目的店名，无疑是一个关键的环节。

我常常听到不少店主在抱怨：论质量，我的商品不必别人差；论服务，我也比别人做得周到；论投入，我花的钱和精力并不比别人少……可是，为什么我偏偏不赚钱呢？

是的，你在很多方面做得都比别人好，比别人更占有优势，但是，你却忽略了非常重要的一个方面：没有做好给你的家具店取名这一环节！这恰恰是造成你不赚钱的最大原因之一。

如果不能以醒目的店名吸引顾客光顾，那么再好的商品也是“顾影自怜”或“蒙尘度日”而已。相反，如果能用叫得响亮让人记得牢的名字，那么家具店就打好营业的第一战了。顾客能一眼就记住门店名字，这就是成功的家具店取名所得到的效果。

那么，在给家具店取名的时候，应遵从哪些原则呢？

（1）字义要与家居行业相关联

家具店起名要与家居行业相关联，并有寓意。切忌张冠李戴给家具店取名。比如家馨家具，一喻买了家具，家庭温馨；二喻买了家具，工作加薪——吉利！

（2）好记、好听、好写

家具店的名称要反映该家具品牌的突出特点，比如一些红木家具店，其命名就体现了家具材质是红木这一突出特点，来显示本店家具的高端、大气、上档次。一般要控制在1～3个特点以内，多则杂，杂则失去了特点；也有完全不考虑品牌所有特点的，名字独特，易于宣传，同样有上佳的名字。

家具店名要好读，让人读起来顺口；好写，让人写起来容易；好听，让人听起来舒畅；好记，让人有过目不忘的效果。

家具店名风格定位要准，活泼就不要威严，柔美就不要阳刚，时尚就不要古典，内秀就不要响亮。家具店名受众地域定位要准，有的突出地方特色，有的面向中国国内，有的专向外国出口，有的要覆盖全世界。家具店名档次定位要准，有普通的大众家具，有中档小康家具，有尊贵奢华家具。

一般而言，有的店主会用一些不常用的汉字命名，以为这样能彰显学识品位，还能给顾客留下深刻印象。但用生僻字取名，会因为不知道该店店名的正确读音，而对该店失去兴趣。如一家以“犇鱻羴”来命名的家具店，这三个字形象地表达出该家具店的经营范围且够独特够生僻，但相信没有一个顾客会愿意回家查字典再看店名。

（3）应与众不同

家具店命名必须要能引起消费者的注意，达到吸引消费的目的。在同行业中用一个店名取胜，其实也是提升销售的不二法门，为什么这么说呢？

因为大多数顾客在购物时并没有特别的目的性，而往往是哪个家具店的名字比较对胃口，就会选择进去，此时你若能把握时机，也就等于是促成了这笔买卖。所以说店名尽量取得不一般，新颖独特的最好，如狗不理、一口鲜等。

（4）以艺术命名

好的店名应该有一定的文化底蕴，能让人看见这个店名就认同店主的文化修养，这样顾客会觉得店主是有文化品位，从而在内心里会觉得这家店让人安心、放心。

2. 设计一个独特商标

要树立卖场形象，第二个关键就是设计一个独特的商标。家具店虽小，但若五脏齐全，能让顾客认定你的家具店是有一定实力的，比如设计一个个性新颖的商标就是一个不错的方法。设计家具店商标时，应注意几个方面。

（1）设计家具店形象统一的商标

设计一个统一形象的家具店标志，可以使你的家具店有整体感，同时要把商标运用到家具店日常工作中经常会用到的物件上，比如包装纸、家具店墙壁展示台或名片上，这么推广，家具店的销量一定比没用之前好上许多。

（2）家具店商标必须契合商品主题

确定你的家具店主打什么商品或以什么风格为主营，这对家具店商标设计十分重要。要让标志的设计充分展现家具店的经营业务，或是店主对于该店所寄予了何种销售理念，传达充分贴切了，才能让顾客理解你的商标设计为何而设。只有这样，才能让你的家具店跟随商标深入人心而日渐走上大众品牌之路。

（3）时刻记住商标是家具店的身份证明

拥有一个成功的家具店商标是有效区别于其他家具店的特别身份证明，所以设计时一定要记住彰显自己家具店的特点才是重中之重，也是家具店鹤立鸡群的最佳途径。

（4）商标设计以简明易记为最佳

标志设计的目的就是让顾客能记住家具店，促进顾客对该家具店的认知程度。这就决定了商标的设计必须色彩鲜明且简单美观，这样有助于刻进顾客的心中，就算是惊鸿一瞥也能让顾客记忆深刻，难以忘怀。

现在的商业竞争越来越激烈，一个好的家具店标志就是一笔隐形的资本财富。选择设计好家具店的商标，也是在为自己的家具店打永久性的免费广告，这背后的利益是无形无极限的。家具店的实力、优秀的商品和服务质量都被涵盖在商标内，通过不断刺激和反复刻画，深深地留在顾客心中，这才是家具店标志设计的最终目标。

3. 不要遗忘形象墙和授权证书

说到形象墙和授权证书，很多店主在装修家具店时会遗忘，其实，它们的作用还真是不小的。

先说形象墙，不少稍具规模的家具店都会在收银台背面设计一面形象墙，墙上一般主要雕刻属于该店的形象标志或是店名，也有二者兼具，目的是在顾客进门时，在正对面形成有效的视觉加强与冲击作用，从而让顾客对该店能有更深刻的认识。比如，有的家具店用枫叶图形作为该店的形象标志，在形象墙上立体展现，也让顾客觉得这个店颇具规模，才会放心消费。而授权证书运用更是取巧，在一些红木家具店里消费，顾客会特别注重相关的法律证书，店家能提供，说明经过了合法的法律规程，这让顾客潜意识里觉得可靠。

家具店的形象墙与相关的授权证书一定要摆放规范，这样才能凸显家具店的正规和合法，让顾客在消费时不用担心自身消费权益受到侵害。

（1）形象墙设计要鲜明，符合家具店经营理念

形象墙设立的初衷，就是为了能让家具店的标志，或者说是家具店深入人心，通过视觉冲击加深印象，因而一些设计不够鲜明突出、标志不够简明易记的形象墙还是不要为妙。

此外，形象墙的设计必须是有自己家具店的独特标志或是连锁品牌经营标志，为了达到宣传的目的才设立。

（2）授权证书悬挂须在显眼处

即一些家具店的法律文件，必须挂在能让顾客一眼就看见的地方，也有家具店就把证书挂在形象墙上，顾客结账时抬头就能看见证明该家具店合法经营的文件。

不能在一些不被顾客注意到的角落里张挂。切不可有顾客询问想看营业执照之类，你却说没有或是在一个角落里，拿出蒙尘的相关证书，这样顾客会怀疑你的证书的真实性。所以说，授权证书应该摆放在显眼且正大光明的地方，而且要擦拭干净，这样顾客看得才放心。

（3）品牌连锁更要注重形象墙和授权证书

为什么这么说呢？因为加盟品牌连锁，能更有力借助品牌的广告效

应为自己的家具店打出知名度。一般品牌店都有自己独特的形象墙设计，对于加盟的家具店来说，只要思考形象墙的位置即可。而授权证书，更是你的家具店拥有品牌销售权利的象征，没有相关授权证书，顾客会认为你的家具店只是仿造某品牌而已。

第二节　打造购物环境

对于家具店来说，由于每天人来人往，因此很容易被弄脏，面对一个干净整洁的环境和肮脏邋遢的环境，人们会毫不犹豫地选择前者。从家具店外观看，清洁干净、充满现代感的家具店是当今顾客喜欢的场所，因此店家有必要把干净的家具店展示给顾客。那么，在对店面环境的维护上，该怎么做呢?

随时随地注意家具店里的干净卫生，特别是地面以及一些死角的卫生更要注意。不能存有侥幸心理，以为顾客不会看见就不去理会，要知道顾客只要看见一眼那些角落里厚厚的灰尘，或是污渍，就足够把店员辛苦营造的家具店印象毁于一旦。此外，家具店门口也应时常打扫，不能只着眼于家具店内的环境卫生。

1. 家具店卫生要时刻注意

下面这些地方的卫生是我们必须时刻加以注意的。

（1）入口前的夹道

这是顾客最容易看到的场所，从这里到店内的地面之间灰尘明显比较多，所以每天都要对这里进行清扫。

（2）收款台以及备用商品

收款台以及备用商品是顾客经常会接触到的东西，因此不要弄得杂乱无章或者不干净。

（3）店内卫生间

对于店内设有卫生间的家具店来说，想了解店家的情况看一下厕所就知道了。因此，要特别注意对这里的清洁和整理。厕所的地面、墙壁、便器、盥洗池和镜子等，如出现弄脏的情况，应及时擦干净，手纸、香皂等用完时应及时补充，否则顾客的好印象也会打折扣。

2. 注意店内的气味

有的顾客对气味非常敏感，所以要经常换气或者使用空气清新剂以避免店内充满异味。

3. 门面和家具卫生不能少

针对店门采用玻璃的家具店而言，这门的清洁也不能小看，虽只是一扇门而已，但它是你的家具店和顾客之间传递信息的第一媒介，每天的卫生工作一定要落实，最好能让顾客认为这门是空气而直接撞上去为最佳。

店内摆放的家具，店内桌子的边缘和桌子脚，自动门导轨槽等，这些都是顾客一眼就能看到的地方，应天天清洁，有条件的最好让家具看上去时刻崭新亮丽，顾客进门一抹家具一手灰的情况不能出现。

4. 家具店美化很重要

不要以为家具店环境卫生搞好后，就以为万事大吉了。那样还不行，还要费点心思装扮一下，用一些能调动家具店气氛，搞活顾客心情的装饰品可以适当摆放，一些淡雅且有益于清新空气的花花草草多放一些，效果会立竿见影。

总之，保持家具店清洁的关键是平时要养成习惯，一旦有时间应勤快地整理商品和打扫卫生以保持店内清洁。

第三节　店内布局要科学统一

1. 店内的照明选择

店内的光线问题，也是影响顾客逗留时间长短的重要因素之一。走进一家光线明亮的家具店与一家光线暗淡的家具店，心里感觉是截然不同的，前者使人愉悦、开阔，后者使人郁闷、压抑，进而影响到顾客的购物情绪。

此外，本来店内有很好的商品可供选择，却因为光线不足而使商品失去发现它的价值的眼睛，这么一来，也就降低了店主对商品的预期销售量。如果店内有足够的光线，提高顾客的心情指数；而且还用不同色彩的照明灯，增加环境气氛，渲染卖场环境，增强陈列效果，顾客自然喜欢在这样让人愉快的环境下享受购物的乐趣。

创设一个明亮舒适的购物环境，让顾客在环境的提醒下进入忘我的状态，只享受购物乐趣，这才是家具专卖店购物环境所要达到的最终目的。在家具店装饰布局中，科学合理地配置照明及装饰光源，不但可吸引顾客的注意力，还可使顾客在舒适视觉的环境中浏览商品，进而产生购物冲动。家具店中使用的光源一般可分为：自然光源、灯光照明光源和装饰陪衬光源。

（1）自然光源

俗话说，自然的就是最好的。顾客接触最多的光源就是自然光源，其大部分生活与工作时间都是在自然光源下进行的，对自然光源的感觉是最为亲切、舒适的。因此在对店面进行装修设计的时候，应结合自己家具店的实际环境，尽量利用自然光源，这样既降低费用，又能使商品在自然光下保持原色，既避免灯光对商品颜色的“曲解”，也避免顾客进入家具店后由于光的落差而感到不舒服。如果店面本身的采光条件不是太好，在进行装修设计的时候，则要尽可能加大对自然光源的利用，如增大家具店门面或是设立橱窗扩大阳光照射面积。

（2）灯光照明灯源

家具店的基本照明起着保持整个环境基本亮度的作用，如果店内整体亮度稍暗，则会令人行动迟缓，而且容易使人产生沉闷压抑的感觉，使顾客的心理活动趋于低迷，难以产生购物冲动。但如果整体亮度过高的话，则会对顾客的眼睛造成刺激，容易使顾客感到疲劳，进而就会促使他们减少在店内逗留的时间。

因此，店内的基本照明一般以采用单色白光的日光灯为主，这样既能保持一个基本亮度，也不会对顾客的眼睛造成刺激，同时，白色日光灯的冷色灯光，能让顾客感觉置身于一个简洁、明快、舒适的购物环境中，从而使顾客更加踊跃的消费。

（3）装饰陪衬光源

这种光源主要是以陪衬商品为主，兼作局部照明用的光源，起美化店内环境、宣传商品、营造购物气氛的作用，一般安装在离商品较近的地方，这类光源对顾客的视觉有较强的影响。因此，要注意亮度与灯色对环境与商品的陪衬和影响。

由于不同的灯具有不同的照明功效，因此在现代卖场设计中，灯光照明不仅向顾客提供光线照明起到造势的作用，选择恰当还可以营造轻松、快乐、自在的购物情绪，因而应慎重选择，不能单纯地以为只是一个照明工具而已。

总之，在设计家具店内的照明设备时，必须让其具有变化，有些地方亮一点，有些地方暗一点，这样就会使顾客感到有层次感。如果到处都一样明亮就会给人单调的感觉。

总的来说，中央货位区域的照明暗一些，而底壁与两侧壁的照明亮一些，而橱窗和入口应该作重点照明以吸引顾客的视线。只有做到了家具店的照明与顾客的视觉心理感受相适应，这样才能增强感官刺激强度，渲染家具店气氛，激发顾客的购物欲望，同时也会给顾客带来舒适、愉悦的心理感受。

2. 色彩的选择搭配

顾客进入家具店最先感受到的就是家具店的色彩，精神上的舒畅与否与色彩有着直接的关系。拥有一份好的心情，是推动购物的基本因素，因此如何让顾客的眼睛大放“光彩”是一项十分重要的工作。

不同的色彩所带给人们的视觉感受是不同的。在对店内空间进行色调的处理时，应把握好色泽的类别、深度和亮度，并结合不同的环境，如季节环境、邻家家具店环境等诸多因素做出相应的调配。

在寒冷的冬季，红色、橙色等暖色调会给人带来温暖感觉，而蓝色、绿色等冷色调则会在夏季带给人们丝丝清凉。对于店堂是狭长形的家具店来说，将两侧的墙壁采用冷色调，靠里的墙壁采用暖色调，就会清除因店堂不够宽敞而带给人的压迫感。相反，对于短而宽的店堂来说，将两侧的墙壁采用暖色的涂料，而里面的墙壁采用冷色的涂料，就能给人以店堂变大的印象。

巧妙利用色彩，可以刺激视觉，提升店面层次。经过实践证明：顾客在家具店里浏览商品，其中最能吸引顾客购买的因素是商品的色彩。

通过对不同的色彩进行组合，可以表达出不同的情感和气氛。对比色的组合，如红与白、黑与白、蓝与白的组合可以传递出一种“和谐美丽”的气氛；同色系但是不同深浅度的颜色组合，如紫蓝色与浅蓝色、深褐色与浅褐色、绿色与浅白绿色，黄杨色与浅驼色的组合可以表现出一种“优雅与稳重”的气氛等。除此之外，色彩的对比与组合不同，商品及广告文字的醒目程度也会不同。

通过对色泽深浅度的不同选择，也能让店内的许多实物设施产生崭新的、更加吸引人的视觉效果。通常来讲，淡一点的颜色能对人的视觉产生一种放大的效果，相比浓一点的颜色所产生的效果则正好相反。在对店堂进行装饰的时候，一般用较浓的暖色调（如棕色）作为窄墙的基本色，用较淡的冷色调作为宽墙的基本色都能创造较好的视觉效果。较浓的颜色对顾客具有较强的吸引力，而偏淡的中等色调（如灰色）能带给人一种温暖柔软的感觉，所以常常被用作固定设施的颜色，同时也保证了这些设施能与商品较为紧密地结合在一起。

对色泽亮度的不同选择，也会从一定程度上让顾客对实物的大小产生错觉印象。如明亮的颜色能让人感觉到实物的硬度，偏暗的颜色则能让人能更好地感受到一种柔软。

3. 用音乐营造热烈的氛围

让顾客享受休闲，以音乐来增加气氛，提升顾客的心情指数，从而促进消费，这是一条行之有效的途径。如果当顾客走进家具店时，店内不是清冷的环境就是嘈杂的噪声不断，顾客心里定会觉得这个店不是生意惨淡，就是店内管理混乱，这样原本愉悦的消费心情也立刻被破坏。

音响可以为顾客创造轻松、愉快的购物环境，解除顾客和店员的疲劳感，使顾客在乐曲欣赏中挑选商品，产生强烈的购物欲望。同时，合适的音乐还能引起顾客的听觉共鸣，这种共鸣能引发情绪共振。情绪的好坏，也将直接决定顾客对商品买或不买、买多买少或买好买坏，甚至影响新进的顾客是否会成为日后的回头客，这一切都由小小的音乐来决定。由此可见家具店音乐对顾客的影响之深。

虽然音乐对于促进家具店的销售有着举足轻重的作用，但是我们在家具店音乐的选择上，却不能过于随便，不能由着自己的喜好来。要想让音乐为自己的家具店销售起到良好的促进作用，就必须从不同的时间段、不同的经营特色等诸多方面来加以考虑。在利用音乐营造热烈的营销氛围的时候，需要注意以下几方面的内容：

（1）背景音乐形成店内风格

家具店背景音乐的选择一定要结合家具店的特点和顾客特征以形成

一定的店内风格。家具店里需配置能促进销售的主题音乐。要根据家具店的主要目标顾客群的情绪特征来播放。

即一方面要通过音乐将顾客中意的购买情境，与周围的环境进行明显的区分，营造出购物情绪环境；另一方面，音乐要对影响顾客购物情绪的其他嘈杂声音，进行消除、消化，这样才能将本店内独特的家具店文化，通过音乐传送出来并植入到顾客心中。

(2) 选择有独特风格的背景音乐

一方面，根据调查，尽量选择目标顾客群喜欢、起码心理上能接受的音乐，从而让音乐能延长顾客在店内逗留的时间，这么做有助于促成销量提升。比如：红木家具在国内的目标顾客群是中产及以上人士，所以一般选择优雅有格调的古典音乐作为其背景音乐，而不是一味地播放流行歌曲。

另一方面，选择的音乐风格，最好是永久记忆性的，时间长了能让顾客一听到，就能产生相关联的想象：似曾相识、熟悉、舒服。同时用音乐将自己与竞争对手相区别。有关音乐风格，在餐饮行业具有特色的餐厅里同样适用。

(3) 音乐的运用应注意时间

一般来说，在上班前，适宜先播放几分钟幽雅恬静的乐曲，然后再播放振奋精神的乐曲，效果较好。因为上班前，人们的情绪往往还陷在家务事和匆忙赶路当中，这种幽静雅恬的乐声能使人们的心情宁静下来。接着再用振奋精神的乐声鼓舞大家精力旺盛地去开始一天的紧张工作。

总之，每天音乐的播放应有时间段，注意每一阶段所播放的曲目差异，甚至可以做出曲目播出时间表，这在大型流通卖场至关重要，卖场音乐播放一定要规避“销售高峰时段播出下班送宾曲”的低级原则性错误。有关音乐播放还可以参考百货、餐饮等业态模式。

当职工紧张工作而感到疲劳时，可播放一些安抚性的轻音乐，以松弛神经。在交班前或临近营业结束时，播放的次数要频繁一些，乐曲要明快、热情，带有鼓舞色彩，使团队能全神贯注地投入到全天候，也是最繁忙的工作中去。另外，音响应间断使用，并且应在营业较轻松的时间内运用音响，调节气氛。

（4）注意音量高低的控制

家具店中的听觉环境包括顾客所听到的噪声与乐音。过高的噪声会令顾客烦躁不安，而合适的乐音可以营造良好的购物气氛并且会使顾客心情舒畅。所以对于店内音乐音量的控制，以既不影响顾客用普通声音说话又不能被店内外的噪声淹没为宜。

（5）音乐的播放也要适时有度

如果音乐给顾客的印象过于嘈杂，使顾客产生不适感和注意力被分散，甚至厌烦，将不仅达不到预期的效果，而且会适得其反。

（6）乐曲的选择必须适应顾客一定时期的心态

例如，在炎炎夏日，家具店中播放涓涓流水和茫茫草原的悠扬乐曲，能使顾客在炎热中感受到清新和舒适。又如，家具店在大拍卖时，就可以播放一些节奏比较快的、旋律比较强劲的乐曲，使顾客产生不抢购不罢休的心理冲动。

第四节　店外设计要协调一致

家具店外部的装饰装修也必须协调一致，有统一的标志和统一的风格，在这里特别需要注意的是海报的张贴问题。

一张好的海报就像是一位尽忠职守、默默奉献但又不计报酬的优秀推销员，只要善加运用，就可以让它清楚而完整地传达出每位顾客所需商品的诸多信息，如销售价格、使用方法等，减少了家具店在人力、财力、物力等方面的额外支出。

另外，海报广告的操作更加方便。根据商品的大小、结构和设计的不同，海报广告可以根据需要以悬挂、堆放、粘贴、放置走道旁或家具店的任何地点进行陈列展示，但不管采用的是何种形式或技巧，海报广告永远能向消费大众最直接地传达出商品的销售信息，通过视觉冲击直接表达：就是这里！就是现在！买它吧！

同时海报的运用与氛围布置应有机融为一体，无论是色彩、位置、高度、动线等都直接影响店面形象和消费行为，所以海报运用应同氛围布置一道，做到“顶、地、墙面”的完美结合，从而提高顾客对商品的直接认知度和视觉冲击力。在瓷砖和地板专卖店，这一点尤为重要，务必关注顾客在1.6～1.8米高度的海报运用。

1. 海报广告的作用与特点

海报广告所反映出来的商品信息简单、明了，符合广大现代消费者的消费习惯，因此它在现代的商业活动中所发挥的作用越来越大。

诱发消费者的购买冲动，扩大家具店的营业额；促使消费者与零售店之间形成良好的互动关系；配合时间推出适合于节庆的海报广告，具有灵活性，提升家具店在消费者心目中的信誉度；代替卖方对商品使用方法与特征的口头说明，让消费者对商品信息的了解更加方便、快捷，快速、机动展现其他媒体传播无法表现的长处；家具店可根据将要举行促销活动及时制作海报广告，减少在人力，物力、财力等方面的支出；对新商品的上市和广告活动等讯息能及时传达给消费者，吸引消费者对商品的注意；给消费者营造一个相对轻松的自由购物的空间。

海报的功能决定了海报的相关特点：

第一，必须具有很强的时效性。海报必须紧随商家的计划随时进行变化。

第二，形式必须美观。海报的设计必须能吸引顾客的注意力，这是加大商品对顾客吸引力的前提。

第三，海报内容要富于创意。只有富于创意的内容，才能真正实现刺激消费者购买冲动的目的。

第四，海报的制作成本要低廉。一般而言，为了加大海报的广告效应，海报在家具店的应用量会很大，只有在保证海报制作成本低廉的前提下，才不会影响到它的使用量。

2. 海报的分类

（1）店面宣传海报

店面宣传海报的作用通常是为了吸引顾客的注意力，烘托气氛，告之顾客促销活动内容等。这类海报必须与店外装饰相配合，以共同起到营造热卖氛围、吸引路过顾客的作用。

比如一些家具店通过甩卖通知海报、抽奖活动海报等，将本店的销售信息，如商品种类、特价商品的价格等直接告诉给顾客，就如同催促顾客快来购买一样。通过这种海报宣传，从心理上给顾客造成了一种比较容易进入、价格低廉、有便宜可占的感觉，刺激了他们的购买欲。

（2）店内宣传海报

此类海报宣传又可分为区域性宣传海报和店内宣传单两种。区域性宣传海报主要是针对某个特定区域内的促销宣传；店内宣传单则是在店内使用的小型 DM（直接邮寄广告）单，常用于配合具体的商品、活动，也可以将多张组合后张贴，以烘托室内的销售气氛。

这种组合宣传单多贴于主通道或顾客不易错过的地方，如电梯口，顾客必经的通道口等，以便于顾客的随便取阅，但一般不在店内派专人分发。在运用室内宣传单的时候，要标明促销商品、特价商品的促销活动细则，除此之外，还要注明这些商品在卖场的具体位置，方便顾客找到。

（3）引导型海报

引导型海报分为引导顾客海报与商品选购海报两种。引导顾客海报通常起到指引卖场行走路线的作用，多用于为顾客指引收银台位置、服务台位置、包装区位置、卫生间位置等。商品选购海报就像是一名无声的推销员，通常是在天花板垂挂指示牌，便于顾客以最快的速度找到自己想要的商品。

（4）商品海报

商品海报是对商品价格、特性等的指示说明，包括商品标价牌，特价、促销商品海报，畅销商品海报，推荐商品海报，滞销商品海报等。

标价牌上的信息包括商品信息、生产信息，标价牌最主要的作用是根据商品的特点及促销的重点突出其卖点。

特价、促销类商品因其毛利率低，促销并不是为了提升销售量，而是通过它来聚集人气，烘托卖场气氛，所以这类商品的海报要尽可能做得大一点、多一点，但一定要突出重点。

推荐商品及畅销商品要获得盈利，在考虑其价格因素的同时就也得考虑其品质因素。因此这类海报除了要阐明商品品质优秀的特点外，在价格的设置上也要满足消费者的心理，通常的做法是将商品的原价划去，再在旁边写上现价，或节省的百分比。

同时：在数字的标注上，应把握数字心理学，一般家居终端的标价应以 7、8、9 作为尾数，且个位和十位数相同，比如 3788 元、6299 元、15288 元等，这样给人便宜的感觉，这样的标注适用于折扣店；而价格标注以 1、2、3、4 作为尾数，则适用于明码标价店，即不打折店，这样的标价给予顾客实际接受度较高，这样的标价适用于高端品牌或纯进口的建材家具标价方式，如 5811 元、18652 元等；而价格标注以 5、6 结尾，则给予价格适中的感觉。

滞销商品海报也即甩卖海报，一般海报上的内容主要是写明甩卖的原因，以增强消费者对商品的信任度。类似方式也非常适用于百货和超市行业，尤其在节假日大促销期间，各大业态均效仿采用此方法。

3. 手绘海报广告的制作

手绘海报广告是卖场经营者为了实现商品促销目的时，由卖场经营者自己来设计制作的一种海报。这类海报的特点是操作简单，但在制作过程中，还是要遵循一定的原则，那就是海报要醒目、简洁、易懂。

醒目，主要是指对于纸张色彩的应用要恰到好处，要突出季节感，如万物复苏的春天，可以使用活泼的粉色调；烈日炎炎的夏天可以使用清爽的蓝、绿色调；硕果累累的秋天可以使用厚重的橙、黄色调；寒冷的冬天则可以使用热烈的红色调。

简洁，主要是指书写海报的字体一定要极具亲和力，字体的颜色搭配要合理，所选字体的大小及颜色轻重要与促销活动的重点一致。

易懂，主要是指海报的内容要简洁易懂。其措辞风格应该以能直接反映商品特性、用途、面对的消费者群体特点为主。

4. 海报广告的设置与摆放

海报广告的摆放位置是否科学，将直接影响其使用效果。在海报广告的设置过程中需要注意以下几方面的问题：

（1）高度合适

对于张贴式的海报，其张贴高度在距离地面 160 ~ 180 厘米的高度范围内比较合适；悬挂式海报，以其悬挂高度不会因为因距离商品太远而影响促销效果，家居卖场悬挂式海报往往以距离地面 240 ~ 260 厘米为宜，以没有遮挡消费者的视线为标准。

（2）摆放合理

如果选择将海报广告放在橱窗上，则要避免广告遮住商品；如果是将海报广告直接贴在商品上，要注意海报广告的尺寸不能超过商品的大小，而且广告一般要粘贴在商品的右下角。在家居经营过程中，如因库存、积压、淘汰品处理时的需要，切忌规避“牛皮癣”的张贴方式。

（3）数量适中

海报广告的数量并非越多越好，过多的海报广告会让人产生压抑感，不仅遮挡了通道内的消费者视线，严重的还会影响到消费者的购物心情，最后产生适得其反的效果。因此其数量往往以前后 250 厘米距离为最低标准，其方向一定是以消费者行进方向为准。

（4）时间恰当

海报广告的设置时间要与促销活动时间相一致。过期的海报广告要及时清理掉，以免给消费者造成消费误导。这在日常运营过程中，往往遵循各品牌要求和各流通卖场营运管理需要展开。如在红星美凯龙全国卖场中，则以红星集团“飞行稽核”考核标准执行。

（5）及时更新

海报广告在使用过程中要时刻保持清洁与整齐，如果有撕毁或破损现象，要及时更换或擦洗。

第二章

货品管理要有策略

面对成千上万种商品——不同品种的商品，同品种不同牌子的商品，同牌子同品种不同包装的商品，如何把货品铺展陈列出来、销售出去是每个家具店的管理者都要考虑的问题。就买卖本身而言，也至少包含“进”与“出”两层意思，而这一“进”一“出”间的核心正是货品。因此，从根本上说，家具店真正的经营是从货品陈列开始的。

第一节　货品计划要出众

任何一种商品进入市场，经过普遍推广，销量逐渐增加。由于消费者的需求变化和市场竞争的加剧，直到最终被新的商品所代替，都有一个过程。这个过程如同生物的生命一样，有其诞生、成长、成熟和衰亡的阶段。

1. 关注商品生命周期

商品生命周期就是指商品在市场中有效的营销时间，或称之为商品的经济生命。在信息时代，科技日新月异，商品的生命周期不断缩短，新商品不断涌现，旧商品不断被淘汰。家具店经营在制订商品计划时，必须跟上这种不断变化着的时代步伐，随时注意调整自己的经营范围，才能不断地获取利润。

在进货时考虑到市场的变化，商品的生命周期，不要贪图进价便宜而进一些过时的商品。在进货时对商品的生命周期有所了解，才能真正地进到适销对路，带来经济利润的货物。否则的话，就极有可能进购到一些过时、滞销的商品，从而影响到家具店的正常经营。

那么，家具店经营者如何通过商品生命周期搜寻到合适的货物呢？首先家具店经营者应当对有关于商品生命周期的知识有所了解。一般来说，商品的生命周期可分为四个阶段：生长（引入）阶段、发展（成长）阶段、稳定（成熟）阶段、衰退（淘汰）阶段，以下就是各个阶段的特点。

（1）生长或引入期

这是商品生命周期的开始，商品刚进入市场时期。在这个阶段，经营者、消费者对商品不甚了解，存在疑心，销量少，销售速度处于缓慢增长；商品生产批量小，生产成本高，推销费用大，特别是“广告大战”花费更大，往往发生亏损。

（2）发展或成长期

在这个阶段，商品已为广大的潜在购买者（消费者）所了解和熟悉，商品生产成本下降，销量增加，利润上升。

（3）稳定或成熟期

在这个阶段，商品已为广大购买者（消费者）所接受，销量稳定，甚至达到顶峰，继而缓慢下滑；利润相应地不再继续保持增长的势头，只是维持在较稳定的水平上。

（4）衰退或淘汰期

商品生命进入寿终时期，销量迅速下降，利润减少，直到商品被淘汰而退出市场。

不过在这里需要提醒家具店经营者的是，虽然商品处在衰退或淘汰期，但是此时的商品仍有一定的使用价值，即商品的自然生命仍存，而商品的经济生命结束。

由于市场环境和商品种类不同，商品交易常常呈现出不规则状态。可以这么说，虽然我们将商品的生命周期划分为上面四个阶段，但是只是一种理想化的描述，实际上难于截然分开。

不过从上面的分析中，我们可以看到，家具店经营者在制订进货计划时，将重点放在成长、成熟商品上，尽量少进一些处在引入期以及衰退期的商品。这样做的好处，能够避免因为商品销路不畅而积压资金。

家具店经营者在进货时，一方面，应跟上这种商品在市场流通中所处的生命周期阶段，一旦该商品达到衰退期，则立即加以淘汰；另一方面，还得随时掌握新商品的动向，对于有可能成为畅销商品的新商品，在上市前就列入家具店进货计划范围之中。

2. 把握卖场上货波段

所谓上货波段，是指家具店在上新品的时候不是一次性把一季所有新品摆上，而是根据商品的特性分几次上货，从而使营业额出现若干个高峰，获得更为客观的销售利润。

很多人往往不能把握好上货波段，没有一个好的进货计划，在出现断货的情况下，才急着去进货。这样一来，就会出现有人要购买某一商品之时没有，只能转向他家。当急急忙忙地进了货之后，而所需要者已经购买了。这样就会给家具店经营带来不好的影响。

由于经常出现这样的情况，导致家具店在消费者心中的地位下降，使得消费者难以再次光临，从而让家具店失去一个很好的顾客。并导致了货物的正常流通速度下降，从而使得资金流通速度下降。

因此，家具店经营者要想做好生意，就必须不断地、认真地研究消费者需求的变化趋势。当需求将呈上升趋势时，要及早积极组织采购；当需求呈下降态势时，要少购，甚至不购。

在上货的时候，要注意有没有波段的安排，通过与厂家负责新品开发和计划制订的相关部门沟通，合理安排上货时间、顺序和数量，从而使货品的库存得以减少。

3. 订好货才能销路畅通

家具店的生意成败，订货是关键。订货过多，存货就相对过多，不仅积压资金，而且可能因为销售不畅而亏损。如果不幸订了过时商品，不仅不能满足消费者的购买需求，而且会给家具店的销售造成不可估量的损失。相反，如果订货太少，很可能出现缺货，失去更多的赢利机会。

洪先生本是一家国企的职员，由于公司经营不善，他下岗了。下岗后，他产生了自己创业的想法，在经过一番市场调查和综合衡量之后，他决定开家家具店。

洪先生做梦都没有想到，自己的家具店一开张之后，生意就如此的红火，还没几天，所进的商品就销售了一大半。看到这种情况，洪先生觉得应该乘势追击。于是便命令负责进货的人员大量的订货。

一时之间，洪先生用来储存货物的房间都满了。可是，接下来的生意并没有像原来那样的红火了，刚进的一些货物有些还销售得不错，而有的却无人问津，由于大量的订货花费了大量的资金，再加上房租、人员工资等各项必要的开支，洪先生不免感觉到资金周转不怎么灵便，在订货上就难免跟不上，无资金进一些新的货物，到最后，生意越来越差，最后实在是坚持不下去，只能关门大吉了。

很多家具店经营者就像上面所说的洪先生一样，将开家具店看得太过于简单，认为开家具店就是订货卖货。不去做任何的计划，以至于在很多的时候，造成了盲目订货，导致货物滞销，资金周转不灵的情况。而对任何的一家家具店来说，如果资金周转不灵，则必然导致了货物不能顺畅的流通，而货物不能有效的流通，就难以给家具店带来利润，最终也就只能惨淡经营了。

所以对于家居经营者而言，如何对商品销售进行 ABC 分类管理，把握其畅销商品规律，进销库存管理依据销售规律展开等，这些问题在经营过程中显得尤为重要。

那么，怎样才能有效而科学地订货和进行库存管理呢?

（1）以销售业绩为基准

订货的根本是要根据您的销售来的，因为您订的货是用来销售的，而不是发单看样的。比如，对于某一品牌家具而言，其单一商品平均每月卖出 5 件，如客厅沙发、餐厅坐椅、卧室坐椅等，那么，每个月进货数量可以是 5 件左右，而不能 10 件、20 件，如果这样，多余的货只会挤压在仓库里。

（2）把握不同商品的供求规律

对于供求平衡，货源正常的商品，适销什么，就购进什么，快销就勤进，多销就多进，少销就少进；对于货源时断时续，供不应求的商品，根据市场需要，开辟订货来源，随时了解供货情况，随供随进；对于扩大推销，而销量却不大的商品，应当少进多样，在保持品种齐全和必备库存的前提下，随进随销。

在信息发展日趋明显的今天，面对移动互联网下的经营思维，在同厂家保持密切沟通的同时，可以建立同一品牌经销商信息共享平台，彼此共享商品销售的 ABC 规律，尤其在同一区域和竞争环境趋同的情况下日渐明显。当然对于明智的经营者而言，利用顾客的订单来做库存，这也是经营库存处理之上策。

（3）关注商品季节产销特点

对于家居经营库存处理，就全年而言应遵循如下原则：季节生产、季节销售的商品，季初多进、季中少进、季末补进；常年生产、季节销售的商品，淡季少进、旺季多进。

家具店在采购商品时，每批采购量的大小，既影响经营活动，又涉及成本和利润，采购数量过多，会占用大量资金影响资金周转，增加存储成本。如果采购数量过少，会增加订货和运输的费用，且失去大批量采购享受的折扣优惠。所以，进货前要合理预算好进货品类和数量。

第二节　货品该如何展示

商品在家具店的陈列，是商品最终走向市场、面对顾客的一个重要环节，也常被当作是顾客购买前的最后一次提示。同时作为产销链上的最后一环，它也是卖家在终端市场上向顾客展示商品的一种特殊技术，它在商品销售上所产生的促销作用，要远远超过报纸与电视广告的效应。因此，商品陈列也被人称作是家具店的现场广告。

所以，要想吸引住顾客的眼球，导购就要懂得如何陈列商品。市场营销学理论中有这样一种说法：卖场中，顾客有三分之二的购买决定都是看商品的各式陈列而决定的。由此我们可以发现，商品陈列从某种程度上决定了一个家具店的销售情况。

什么叫做商品陈列？所谓商品陈列，就是把商品按照一定的排列方式摆放在特定地点，展现在顾客的面前。

当看到“陈列”二字的时候，也许有的人认为这无非就是将家具摆放出来，能够让顾客看到，方便销售就可以了。其实不然。有人将商品陈列称作是技术与艺术的完美结合，如果在商品陈列中单纯的只注重技术，只讲求实用，就会将卖场变成一个毫无美感可言的商品大杂烩，如果单纯为追求艺术，又会演变成中看不中用的结局。因此，在商品的陈列上，除了要考虑实用性之外，还必须做到让其富有艺术的美感。

良好的家居卖场商品陈列，其商品本身就会说话，在消费者日趋理性的今天，如何让商品自身说话就显得至关重要。在中国家居处于“冷业态”的客观情况下，在商品陈列遵循“体验式”营销的前提下，还应结合“一步一景”陈列原则。

做好商品展示主要从以下两大方面入手。

1. 静态展示的方法

一般商业空间的商品展示多以静态为主，消费者购买商品，能否清晰、准确地感知商品形象，获得良好的情绪体验，很大程度上取决于商品的陈列状况。要使商品陈列做到醒目、便利、美观、实用，具体可采用以下方法：

（1）开放式陈列

传统商业空间的商品陈列形式为封闭式，即售货员在柜台内，顾客在柜台外。顾客不能自由、直接接触商品而只能通过售货员了解商品。如今的家居陈列已然打破了这种形式而采用开放式陈列，即商品的摆放，为消费者观察、触摸以及选购提供最大便利，以便减少心理疑虑，坚定购买信心。

（2）陈列要醒目

商品的摆放应力求醒目突出，以便迅速引起顾客的注意。要做到这一点就要注意以下两点。

第一，保持商品量感。所谓量感，是指陈列的商品数量要充足，给顾客以丰满、丰富的印象。量感可以使顾客产生有充分挑选余地的心理感受，进而激发购买欲望。当然量感的落地实施时，应充分考虑其家居风格和品类，比如现代家具和欧美古典家具，国产普惠大众的卫浴商品和进口高端卫浴商品等，其陈列量感是完全不一样的，但都遵循顾客动线和视线范围以及顾客体验等原则。

第二，突出商品特点。商品的功能和特点是顾客关注并产生兴趣的因素。将商品独特的性能、质量、款式、造型等特殊性在陈列中突出表现出来，可以有效地刺激顾客的购买欲望。例如，把款式新颖的商品摆放在最能吸引顾客视线的位置；把多功能的商品摆在顾客易于接触观察的位置，都可以起到促进顾客购买的心理效应。所以在卖场陈列时，首先应该分清每一个专卖店的位置划分，即：形象位（往往处于卖场主入口正对方）、卖位、死角（位），再者将其招牌形象商品放置于卖场的形象位，将A类畅销商品放置于卖场的卖位，将特价商品放置于卖场的死角。

（3）按时节陈列

可以在季节更换和重大节日来临前，根据消费需求陈列出适应季节及节日需求的商品，并随季节的变化不断调整陈列方式和色调，尽量减少店内外环境的反差。这样不仅可以促进节令商品的销售，而且使顾客产生与自然环境和谐一致、愉悦顺畅的心理感受。

（4）艺术性陈列

通过商品组合的艺术造型进行陈列。各种商品都有其独特的审美特征，在陈列中，应在保持商品独立美感的前提下，通过艺术造型，使各种商品巧妙布局，达到整体美的艺术效果。赋予商品陈列以高雅的艺术品位和强烈的艺术魅力，从而对顾客产生强大吸引力。

（5）连带性陈列

许多商品在使用上具有连带性，如餐厅的桌子和椅子，客厅的沙发和茶几，卧室的床、床头柜、床尾凳、衣柜；浴室的浴缸和花洒等。为了引起顾客潜在的购买欲望，方便其购买相关商品，可采用连带陈列方式，把具有连带关系的商品相邻摆放，达到促进销售的目的。

（6）重点陈列

现代家具品类多，每个品类又有许多单品。要使全部商品都引人注目是不可能的，可以选择顾客大量需要的或新商品为陈列重点，展示在特殊而突出的位置，使顾客在先对重点商品产生注意后，附带关注到大批次要商品，以此带动次要商品的购买。

以上每种静态陈列法都有各自的特色，在商业展示中往往是各种方法的综合运用，所做的商品展示设计才能有效地促进商业空间的营销力。

2. 动态展示的方法

现代商业空间的展示手法各种各样，展示形式也不定向化，动态展示是现代展示中备受青睐的展示形式，它不同于常见的静态陈列，采用的是活动式、操作式、互动式等动态展示，顾客不但可以触摸商品、操作商品，更重要的是可以与商品互动，更加直接生动地了解商品的功能和特点，也就更加有利于塑造商品形象。由静态陈列到动态展示，能调动顾客的积极参与意识，使商业展示活动更精彩，商品形象的提升效果更好。

商品展示设计实际上就是处理顾客、商品、道具、空间四要素之间的关系，因此动态展示也可以从这四方面入手。

（1）把握顾客流

合理的顾客流能增加顾客在卖场停留的时间以及接触商品的数量，从而直接促进商品的销售，而顾客的流动合理与否取决于卖场顾客通道的设计，一般来说，通道设计有以下几种形式。

第一，斜线式，这种通道的优点在于它能使顾客随意浏览，气氛活跃，方便顾客观看商品。

第二，格子式，是指所有的家具在摆放时互成直角，构成曲径通道。

第三，自由式，这种布局是根据商品特点而形成的各种不同组合，或独立、或聚合，没有固定或专设的布局形式，销售形式也不固定。

（2）注意商品流动

在无流动特性的商品中增加流动特征性，如可运用多媒体的方式、旁加解说的方式等，顾客通过视频，看到商品的流动性。通过此方式的应用，能增强家居卖场动感，给予顾客声、光、电的综合效果，这对于卖场的聚客和留客效应非常明显。目前这一方式在家居终端卖场应用尤为广泛，特别是在每年的展会招商上面应用特别广泛。

（3）把握好空间流动

空间的流动有两种，一是虚拟的空间流动，即通过高新技术影像等手段形成一种空间上的变化，使空间成为一种流动的空间，让人感觉漫游其中；二是真实的空间流动，比如销售空间的旋转，广告宣传车的四处流动，这些都增加了商品与顾客的接触，更好地为商品做了宣传促销。如：芝华仕头等舱沙发流动宣传车目前在全国终端卖场应用。

当然，商品展示不能拘泥于单一的展示形式，而是应该营造一个完整的人性化空间，包括商品空间、服务空间和顾客空间。要在整个展示空间中调动一切有用因素，在造型、色彩、照明、装饰手法上力求别出心裁，在布置方式上将陈列生活化、人性化、现场化，在参观方式上提倡参与性和互动性，使人把观看商品当作一种高层次的享受。这样才能够加深顾客对商品的了解，提高对商品的记忆，增加对商品甚至品牌的好感，提升商品的形象，进而刺激消费行为，从而达到提高营销力的目的。

第三节　库存管理要有水平

何谓理想库存呢？理想库存是能够支持高销售的最低库存量，何谓最低库存量，就是没有滞销或多余的库存，一切库存都会在预定标准的周转天数内销售完毕。

1. 库存管理的分类

库存管理，大致上可以分为依金额的库存管理和依数量的库存管理，依商品周转率的库存管理等。

（1）依金额的库存管理

依金额为基准的库存管理，比较容易设定标准库存额，比如，依过去的销售实绩分析未来的销售预测，或依过去的库存额分析未来库存额的设定等。其优点是可确定掌握家具店资金的状况，并能结合采购预算，对资金方面，可以有较灵活的运用。

（2）依数量的库存管理

对何种商品需采购多少、库存量多少等，都必须依据数量的库存管理所获得的数值为基础。

依数量的库存管理的特点是：商品类别可依款式、货号、颜色、尺寸等个别细分化加以管理；能确实掌握某种商品需进多少数量，库存量能维持多少等方面的资料；能了解销售状况中畅销品及滞销品的差别。

（3）依商品周转率的库存管理

商品周转率是以进货到销售之间的平均期间来表示，将一定期间的销售额，以期间内的平均库存额来除。

平均库存额在一定期间内，以周转几次来组成其销售额，此周转数，就是商品周转率。因此，只要知道周转率，就能够算出有多少天的库存量。其计算公式如下：

商品周转率＝一定期间销售额（售价）/一定期间平均库存额（成本）。

这种方法有利于随时掌握库存的基本情况，以便控制家具店的销售情况。

2. 做好库存控制

采购人员对于自己负责的商品，必须注意其库存控制，任何一项的库存都有其原因，采购必须仔细分析高库存的原因。如何分析控制库存过高呢？

方法如下：坚持采购金额预算制，评估周转天数是否超过标准，由经验判断；采购人员至卖场巡视发现异常库存，进行跟踪处理，由电脑报表中得知。避免部分商品周转量大，周转天数降低而疏忽对于滞销品处理。

与营运主管研究库存卡之订货状况是否合理。月底盘点前发现过多库存应与营运主管研究退货动作大幅降低库存。库存过高，有很大比例是从促销期过后留下来之品项，采购应与厂商联系促销结束后的退货事宜。采购人员应该了解是否会因售价过高造成滞销而库存过高。

第三章

家具创新营销

中国家居产业近年来快速发展，家居卖场蜂拥而上、跑马圈地、急速扩展，家居领域的商品品类繁多而且日趋同质化，消费者的可选择性大大提高，消费者被严重分流。新型媒体和移动互联网及家居电商的大量涌现也使消费者获取商品信息的渠道多样化，消费者的消费理念和购买行为也日趋理性化，这一切引发了家居市场的营销变革。

家居行业传统营销与服务模式的弊端日益突显，随着商场租金和劳动力及运营成本的逐渐上涨，“守株待兔”等客上门的坐店销售模式投入和产出极不对称。再加之媒体的多样化，单一媒体铺天盖地进行商品宣传方式投入巨大而收效甚微，通过单个企业导购散兵游勇式的外出跑市场也很难达到长期良性的规模化营销。传统“跑马圈地”式的粗放型营销方式已经走到尽头。

新营销革命已经来临，创新是家具营销成功的关键，要做到这一点，导购人员就必须随时保持思维模式的弹性，让自己成为新思维的开创者，创新的意义就在于先进，而不仅在于别人没有，而且一旦发现是一种新技术，就要及时捕捉，以免错过时机。通过推行精准营销、提供感动服务、塑造顾客价值来满足终端营销创新需求！主动营销聚全城客流，精准营销创销售奇迹。

第一节　帮扶营销

很多家具店的店主会有这样的希望：他不懂商品，厂家教会他；他不知道顾客在哪里，厂家或商场找给他；他不善于同顾客打交道，厂家给他培训；他的开拓力量不够，厂家把工具交到他手中……这其实就是厂家对经销商的帮扶营销。

所谓帮扶式营销即是指，厂家从全方位给予经销商帮助与扶持，共同开拓与维护市场。而“帮扶式营销”的中心就是“帮经销商赚钱”，这也是厂家用来吸引经销商加盟销售的最大号召。所以家具店在考虑代理那些品牌的商品时，看厂家有没有帮扶营销的手段，对于其商品在所在市场的打开销路具有非常重要的意义。

助人者自助，厂家在帮经销商赚到了钱，当然也就是替自己赚到了钱。在竞争日益激烈的市场环境下，厂家该怎样去构建“帮扶式营销”的系统，或者作为家具店的经营者，如何获取厂家的帮扶营销支持呢?

1. 了解经销商困难

帮扶营销的开始阶段，需要厂家与商家坐在一起，商谈之后，了解清楚家具店在销售过程中遇到的困难，找出代理新品牌存在的困难，才能对症下药，而这就是帮扶式营销的开端。

至于各经销商的不同困难主要有三大类：一类是竞争激烈，二类是技术力量不够，三类是最终顾客对新品牌的认同度不高。

由于市场竞争激烈，家具品牌众多，最终顾客对新品牌往往会有所抗拒，而这也是经销商推广新品牌的难点。帮扶式营销就是要不仅是把货推给了经销商，更要帮助经销商将货销出去。

2. 分析经销商顾客

要为经销商提供有效帮扶，除了要了解他的困难，更要了解他的顾客对象。分析出他们各自的特点，制定出相应的开拓对策。有针对性地制定对策，以更为有效地帮助经销商进行开拓。

3. 提供经销商工具

所谓工欲善其事，必先利其器，为帮助经销商进行更为快捷有效的市场开拓，必须量身定制工具箱，分为品牌类工具箱、技术类工具箱和推广类工具箱。

（1）品牌类工具箱

品牌类工具箱的目的在于突出的品牌形象塑造，展现出商品强大的背景实力。

大气到位的品牌传播——广告传播：每年近千万元的广告投入，有选择有针对，强而有力。

终端传播：丰富多样的终端陈列展示，第一时间抓住顾客心理；顾客传播：持续不断的客情维护计划，提升顾客忠诚度。

新闻传播：在新闻热点中寻找机会，在策划中制造热点，不断增强知名度和美誉度。

（2）技术类工具箱

技术类工具箱包括：家具商品基本知识；优劣商品对比；商品常见问题解答；家具选购指南；专家鉴定意见书。

每个分项将各类问题与解答详细清楚而专业到位地编排与说明，不仅可以令家具店的导购清楚了解相关的知识及应对措施，同时也能令最终顾客对品牌的技术力量产生相当大的信任。

值得注意的是，在制定相关文件时，一定要表现得相当专业，一定要将商品话术转化为消费语言，提高终端导购的沟通理解能力，从而服务于消费者，也就是我们通常所说的一切工具和思路务必接地气，否则会得到相反的效果。

(3) 推广类工具箱

推广类工具箱则包括：独特的商品展示架，设计新颖实用的背板，打动人心的促销单张，完备周到的销售话术。

4. 协助经销商开展工作

在帮扶式营销系统中，需要对如何执行相关内容做出详细的指引，由于牵涉到内容相当多，比如各种工具箱的使用就是个难点，所以经销商在执行初期必定会有难度。

为此厂家需要在每家家具店设立一名帮扶员，专门协助代理商充分利用各种工具等协助力量，以更为顺畅地开拓市场。

总之，帮扶营销关键在于用心，用真心、用全心。如果只是想以此为噱头，玩表面文章，很快就会为顾客识穿，那么他们就很可能反过来对你“帮扶”，帮你的品牌扬臭名，扶你的企业走下坡路。只要厂家踏踏实实做事，对经销商有实实在在的帮助，那么经销商和厂家会成为好朋友，诚心实意帮厂家把品牌做好。

如果将帮扶营销广泛应用于家居流通卖场，其卖场如何帮助商户提升销售业绩，其帮扶方式和手段及工具同样适用。

第二节　精准营销

“精耕细作”式的精准营销才是家居业企业发展的大趋势。营销的模式决定企业品牌与服务体系的建立方式。企业必须寻找到一套适合自己的营销组合拳。对企业而言，营销不难，难的是营销得又精又准。以前，企业的习惯做法是机关枪扫射，海陆空全覆盖，要支付很高的成本；现在，应该改为“点射”，细分消费市场，锁定目标顾客，直接针对目标顾客实施精准品牌推广与精准市场营销，节约广告成本，达成资源集优，直接命中目标。这，就是精准营销。

精准营销，是时下非常时髦的一个营销术语。大致意思就是充分利用各种新式媒体，将营销信息推送到比较准确的受众群体中，从而既节省营销成本，又能起到最大化的营销效果。这里的新式媒体，一般意义上指的是除报纸、杂志、广播、电视之外的媒体。新媒体的代表就是网络和手机终端。

近年来，“店庆让利”“老总签售”“爆破营销”“工厂直销”“团购砍价会”，这些传统的卖场营销模式日显疲态，卖场间激烈竞争也不可避免。如何在开创促销新模式的同时，又能让消费者得到切实的优惠，成了家具卖场当前急需迫切解决的课题。

由集美家居与新浪家居联手推出的卖场优惠代金券成为消费者争抢的对象，同时也成为2013年春季家居业关注的热点。

活动方提出，装修业主可以享受八折优惠在新浪家居网络平台上统一申购集美家居优惠代金券，按券金额在集美家居卖场内作为现金抵用。

在明码实价的前提下，家居卖场联手网络媒体开启优惠代金券的网络申请通道，不但可以有效利用了媒体平台的传播效力，而且能够发挥媒体监督的特点，确保消费者享受到真实的优惠。

在业内专家看来，与以往的其他促销团购网络推广不同，此次集美家居联手新浪家居，依托互联网，针对已购房装修业主进行精准营销，突破了以往漫无目标的粗放式网络推广模式。从短期内大批购房业主抢购优惠代金券的现象来看，这种依托网络精准模式的卖场团购无疑是一次成功的营销创新。

那么，在进行精准营销时，有哪些问题需要注意呢？

1. 解决企业的目标是什么

企业的目标就是赚钱，或许还有社会责任，不过，那是赚到钱之后考虑的。企业使用网络营销目标也是赚钱，或者说找到顾客把商品或服务卖出去。

2. 自己的顾客在哪里

没有哪家企业要去做所有的商品，甚至同一类的商品企业也不可能全做，那么谁是目标顾客呢？网络营销首先要进行市场细分，先找到目标顾客，分析其分布特征，信息来源和购买倾向，然后有针对性地考虑营销推广方式。

3. 用什么办法去吸引顾客

现在可用的网络推广方式太多了，并且每一种都可以达到一定的效果，但如果企业全面投入其中，除非公司极具实力且运气极好，又或者只是推广一下企业形象。推广的方式选择是要吸引目标顾客，所以一定要精选一两种推广方式，集中精力、人力和财力重点突击，只有等到现有的方式达到预期效果并能保持后，才考虑适当加入新的其他方式。

4. 如何让顾客决定选择你

企业形象打出去了，商品信息传递到目标顾客并且从点击量上得以证明了，接着呢，如何让顾客感觉非你不可？告诉顾客这里的商品最好、价格最实惠、售后服务最好、公司信誉良好，甚至可以告诉顾客，从哪里可以得到证明，例如自己的重点顾客，一句话“舍我其谁”，让顾客下定决心选择企业的商品。

顾客准备购买企业的商品了，但这不是最终目的，还需要确保购买率、回头率和推荐率。在这个竞争激烈的市场，必须比顾客想的再多那么一点儿，才能做到真正的精益求精，而不是关上门自我感觉良好。网络营销中，及时和迅速地收集顾客的想法变化和意见建议，并根据相关信息提供更多更好的商品和服务，形成公司的品牌效应，才能将网络营销的效果长期保持并不断提高。

如何在家居消费市场进行有效的精准品牌推广？如何在家居企业和消费者之间搭建一个长期有效的精准互通平台？如何准确寻找目标顾客并及时捕捉顾客需求进行有效的精准营销？

有一种行之有效的方法，"新楼盘四位一体"精准营销系统模式应运而生。

"新楼盘四位一体"精准营销系统模式核心内容就是针对新楼盘目标人群进行精准市场调查、精准品牌推广和开展精准互动活动及精准销售，为家居用品企业和新楼盘装修业主搭建了一个系统的沟通交流平台，构建了全方位满足目标业主需求的家居完全解决方案的服务体系，建立了直接走到目标新楼盘业主家门口提供家居设计和商品服务的一站式服务与营销平台。

通过整合家居行业资源，建立异业联盟，各参与品牌互相借势，实现规模效益。通过整合整个家居业各相关企业为新楼盘目标业主提供量身定制的户型与家居整体设计方案，运用 DM 杂志、新楼盘媒介、电话与短信、网上互动指导及针对目标业主开展一对一导购式服务营销活动等一系列组合手段，在家居消费的源头对新楼盘业主实施主动拦截，最大限度地引导消费者的消费观念，先入为主式地占据消费者心智，最终促成销售。

"新楼盘四位一体"精准营销系统模式通过针对新楼盘目标业主一对一导购式的全程跟踪服务，有效地简化了营销环节，节约了成本，提高了营销效率和服务水平，从根本上解决了经销商找消费者难、见面难、沟通难、卖货难的问题，也解决了新楼盘业主装修过程中选择方案难、买商品难、维权难的问题，实现了双赢。

第三节　口碑营销

有的品牌特别依赖广告。广告一打，销量就有；广告一停，销量就下。实际上，在广告高投入的时候你是不赚钱的。老是不赚钱，你这个企业受不了。所以要赚钱，必须靠口碑相传，靠口碑相传来起到广告效应，赚口碑相传的钱。

这个观点可能颠覆了很多人的认识，但事实就是如此。当一家公司的商品需要大量的广告才能支撑其市场销量的时候，这家公司实际上是难以盈利的。因为投入广告中的资金，就是利润中的一部分。广告费用越高，利润被侵蚀得就越多，公司就越难以盈利。而到了一定程度，广告费用的高成本会促使公司不得不提高商品的市场价格，一直高到消费者买不起或不值得购买。这样的案例在今天的中国家居行业比比皆是！

1. 口碑相传是最有效的广告形式

在只有报纸的时代，企业做广告只有一种选择。电视出现后，企业做广告就有了两种选择。而进入互联网时代，企业要想再把广告铺满所有的媒体，已经不大现实。即便企业想这么做，也没有那么大的资金投放。

事实上，随着各类媒体的兴起，很多企业花费在广告上的投入正变得越来越多。而企业对于广告的重视，无疑已经让人们的生活空间变成了广告的海洋。我们无论在家里还是在外面，无论看电视还是玩电脑，各种各样的广告都会扑面而来，让我们无处躲藏。广告的泛滥，已经让我们每个人都处于信息疲倦的状态，而真假信息的鱼龙混杂，又让我们不得不花费很长时间来辨别和确认这些信息。

在互联网时代，人们已经厌倦了包括电视、报纸、广播、杂志以及户外等那些长篇累牍甚至没完没了的广告。企业在广告上的投入产出比，已经不再像以前那样值得让人追捧了。

也许，对许多企业来说，都应该重新重视并打造口碑相传的广告模式。因为在一个消费者被无数媒体分流的时代，企业已经无法通过广告抓住所有的目标顾客，而口碑相传的效应，则可以让潜在的消费者主动选择企业的商品，即便企业没有做任何的广告推广。

口碑相传的广告效果之所以好，是因为互相传递信息的人们之间并没有什么经济利益，更不存在有意替某种商品"促销"的目的，而且需求大致相同，并且往往是相互熟悉的人之间介绍，最重要的是这种传播都是讲述使用过商品后的亲身体验，所以最容易得到信任。

通过调查显示，到红星美凯龙卖场来购买家居、建材商品的消费者，60%是朋友介绍来的，换句话说，这些顾客是红星美凯龙在购物者心中形成的良好"口碑"换来的。

良好的"口碑"能带来巨大的经济效益，不良的"口碑"则可能给商场带来毁灭性的打击。借助良好"口碑"的传播，红星美凯龙获得了60%以上的客源。"口碑经济"正在形成一种新势力，让商家不可小视。

当你准备购物时，总会向周边的朋友打听一声：去哪儿好呢？这位朋友会说这儿好，那儿不好。他说好的地方可能直接影响到你的决策，因为他一定在那里有过愉快的购物经历，这种愉悦体验将形成一种良好的"口碑"，在朋友圈内传递。

事实上，口碑相传属于人类乐于分享的天性。人的心理，通常会对自认为特别好的东西和特别差的东西进行分享，向他们介绍自己接触到的事物的特点。所以，“口碑相传”就是最重要的、最佳的广告形式。因为它是建立在“信”的基础之上的，是一种对使用过的物品的特点，出于本能的经验分享。

网络时代，口碑相传的重要性已经超过了纯粹的广告轰炸。许多人在购买商品的时候，都已经习惯了先到网络上查一下人们对该款商品的评价。一旦发现人们对某款商品的评价非常低，那么即便该款商品的广告满天飞，消费者也不见得会购买。尤其是那些体验过该商品的消费者在网络上把不良的体验结果都写出来的时候，对该商品的品牌打击会非常大——这就是为什么许多门户网站以及各大论坛的负责人灰色收入非常高的原因，因为企业会花大价钱请求他们把一些对公司商品形象不利的文章删除。

在一个大众媒体越来越泛滥，广告的公信力也越来越低的时代，企业应该重新考虑广告的策略，而不应该抱着传统的做法，除了打广告就打广告。显然，对企业来说，与其把大量的资金投放到广告里面，不如扎扎实实地把企业的商品、服务、渠道等建设好。

2. 把钱花在该花的地方

赚口碑相传的钱并不容易，因为它是以“信”为前提的，而“信”的基础，就是商品的质量和服务。这就意味着，企业要想通过口碑来赚钱，就必须把商品的质量和服务等方面做好。

把广告费花到消费者身上，让消费者主动为公司做品牌宣传，显然是个不错的主意。但是，许多公司并不愿这么做。它们宁肯把大量的公司利润投放到广告中来，也不愿用其去提升公司的商品质量或服务，更不愿意让利于消费者。

打广告无可厚非，但如果只打广告却提供不出质量可靠的商品，那广告效果越好，给自身带来的麻烦可能就越多。

拿十亿元搞研发，还是拿三亿元砸广告，对许多企业来说都是一个艰难的选择。选择搞研发，就要有年年投入大量资金，但几年内都可能不见效果的心理准备。研发的艰难与漫长，以及每年所需要的大量资金，对一些“急功近利”的企业来说显然不是一个好的选择。所以，许多企业都选择了后者，宁肯投入巨资打广告，让企业迅速见到效益，也不愿考虑一旦商品出现质量问题后该怎么办。

其实，凡是选择了把钱投入到研发中来的企业，只要坚持下来，最后几乎都成为了行业领袖。而那些只追求短期广告效益的企业，往往都后劲不足，虽然短时间内可以占领市场先机，但发展到一定程度，就会出现成长瓶颈，甚至开始走下坡路。

很多企业都迷信广告，认为广告越多，品牌就越强大，销量也就越大。其实，品牌的内涵是商品的技术、质量、服务等，而不是仅靠广告就能砸出来的。许多企业不怎么做广告，但在消费者心中的口碑却非常好，究其原因，就是它们商品的质量或服务好。有的企业商品销量完全靠广告支撑，结果，一旦出现“质量门”事件，就立即跌入低谷，一败涂地，其根本原因，还是在于没有质量这个基石做支撑。

当然，当新商品、新品牌上市的时候，大规模广告作为助推器也是必需的，而且是有效的。毕竟，在商品生命周期日益缩短，导入期和成长期相隔时间越来越短的今天，依靠广告的助力迅速将商品推出是最佳的选择。但是，对许多企业来说，当其商品快速进入成熟期后还在一味地大打广告，就有点不明智了。因为这个时候，主流消费群体已经形成，还没有跟进的潜在消费者增量有限。这个时候如果继续大手笔做广告，投入产出比就会降低——实际上，这个时候企业就应该赚回头客的钱，赚口碑相传的钱了。

第四节　事件营销

1. “新营销时代”的主流

事件营销也叫“活动营销”，通常是指企业通过策划、组织和利用具有名人效应、新闻价值以及社会影响的人物或事件，引起媒体、社会团体及消费者的兴趣与关注，以求提高企业或商品的知名度、美誉度，树立良好品牌形象，并最终促成商品的销售目的的手段和方式。

2013 年 3 月，红星美凯龙发布本年战略，其中最为核心的为“聚商”二字。红星美凯龙董事长车建新表示，新战略旨在整合厂商、经销商，创造高性价比，引导国人从低端家居向品质家居更新换代。

当月，在全国 80 多个城市的 100 多家门店，红星美凯龙开展了“‘2 天’来了，击穿底价”大促销，打响了红星美凯龙全年聚商行动第一枪。此后，各种促销活动先后面市，不仅实现了销售业绩的增长，同时红星美凯龙体验式购物平台的品牌理念在新战略计划中也体现得淋漓尽致。

2013 年，红星美凯龙推出了 200 多人规模的“家居专家”团队，这支主要由企业高管和专业人士组成的队伍在红星美凯龙商场内设台，免费从商品设计、质量、价格等多方面给消费者提供专业的咨询意见，大大提升了场内的购物体验。

简单地说，事件营销就是制造具有新闻价值的事件，并通过具体的操作，让这一新闻事件得以广泛传播，以达到广告的目的。

由于事件营销要比硬广告和软文广告更具有新闻效应，而且成本更低，所以，在进入互联网时代以后，许多企业都开始采用事件营销的手段，通过一个事件或一个话题，让企业或企业的商品迅速成为媒体和消费者关注的焦点。

2. 事件营销的两种模式

通常来说，企业进行事件营销有两种模式：借势模式和主动模式。

（1）借势模式

借势，就是将事件营销的议题向社会热点话题靠拢，从而将公众对热点话题的关注引导到企业的议题上来。

2013 年 1 月 17 日，掌上明珠家具与中国航天基金会达成协议，成为国内唯一一家家具类“中国航天事业合作伙伴”。掌上明珠将融合全球领先的家具设计、制作工艺，开发引入航天精工理念的“航天品质”概念家具商品。

掌上明珠将通过各种形式进行航天推广，包括召开新闻发布会，邀请消费者参观中国航天城，赠送航天模型、全国航天巡回科普展等，力求将“掌上明珠家具——中国航天事业合作伙伴”这一权威概念深深地烙印在消费者心中。

2013 年年中，明珠借助“神舟十号”发射及返回的契机，推出掌上明珠“航天娃娃”，组织“神十助威团”，前往“神十”发射地观看发射，并利用社交网络进行传播。

掌上明珠携手航天事业，是业内一次成功的借势营销。明珠在签约前后，进行了持续不断的宣传，并围绕“航天事业”这一主题，进行了系统的线下活动，成为家居行业“借势营销”的典范。

借势营销的关键，就是要做到企业议题与社会热点的相关性、可控性以及系统性。

所谓相关性，就是指社会议题必须与企业自身的发展密切相关，也就是与企业的目标受众密切相关。比如卫浴商品，如果赞助神舟六号进行事件营销，效果一定不好。因为相关性太低。人们不会相信宇航员良好的身体素质是因为一件卫浴商品，但人们会相信是喝蒙牛牛奶造就了宇航员的强壮体格。

可控性是指事件营销的推广活动一定要在企业的控制范围内，否则，就可能产生不好的效果。做事件营销时，有些企业会在天涯这种论坛上大肆做软文推广，但是却不在猫扑论坛做，其根本原因，就是害怕控制不住猫扑年轻网友的负面评论。企业的影响力越大，负面新闻对其伤害性就越大。所以，企业在做事件营销的时候，就必须重视可控性。

系统性是指企业在借助外界热点话题时，必须策划和实施一系列与之配套的公共关系策略，整合多种手段，实现一个结合，一个转化：外界议题与企业议题相结合；公众对外部议题的关注向组织议题关注的转化。有些企业赞助了某项社会活动，但因为缺少系统性营销方案，结果其虽然花了钱，但却没有引起社会的关注。

（2）主动模式

事件营销的主动模式，是指企业主动策划一些结合自身发展需要的议题，通过传播，使之成为企业所关注的热点。

比如，2013 年 11 月 2 日，帝标家居“11.2 万人疯抢日”在成都非遗博览园举行。同期亮相的还有帝标自主研发的一款长达 53.35 米的世界最长沙发。11 月 2 日当天，有超过 400 辆大巴，2.6 万消费者从全川各地赶来，创造了 8000 多万元的成交额，近百家媒体跟踪报道了本次营销事件。

“帝标 11.2 万人疯抢日”可以看做是业内一次非常成功的事件营销。提前一个半月开始在全川各地进行蓄客；提前一个月召开新闻发布会，不间断地通过官方微博，微信上发布活动信息；在电视、报刊、广播上投放活动广告。媒体宣传与线下终端蓄客配合默契，使得 11 月 2 日的活动取得成功。

此次活动的大获全胜，使帝标的销售和品牌影响力都有了爆发性增长，在渠道与终端两方向都巩固了帝标家居“梦想家居领导者”的品牌印象。

主动模式必须遵循创新性、公共性及互惠性三个原则。

所谓创新性，就是指企业所策划的话题必须有亮点，有新闻价值，只有这样，才能获得媒体和公众的关注。

而公共性，就是所策划的话题必须是公众关注的，否则无法引起他们的持续关注。

互惠性，就是要想让公众关注企业策划的话题，就要保证公众在关注这些话题时，或者对社会有利，或者对自身有利——很少有人会愿意去关注并讨论一个哲学话题，因为那些话题无关大家的世俗生活。

事件营销作为一种被公认行之有效的营销手段，在互联网时代已经被越来越频繁地使用。可以说，借助互联网平台，事件营销已经成为传播最快的营销手段之一。而且，由于事件营销用好了可以事半功倍，并且能够节约大量的广告费用，因此，越来越多的企业开始选择事件营销的方式为自己的品牌加分。

3. 学会“讲故事”

对企业来说，事件营销的一个最有效方式，就是学会“讲故事”。因为无论是媒体还是公众，都对“故事”感兴趣，而且能记住的，往往也就是故事。所以，企业要想通过事件营销扩大自身的知名度，提升自身的品牌形象，最好的方式就是讲故事。

下面这个事件营销，相信对我们策划家具事件营销会有帮助。

2012 年岁末，慕思寝具推出一部名为《床上关系》的微电影，该片由文艺片女王李昕芸、“开心麻花”的功勋演员沈腾、网络红人作业本、王小山等出演，主要讲述的是家庭问题，倡导宽容、理解和关爱。

该片网络上线当日点击量过百万，上线一周稳居各大视频网站电影排行前三甲，总播放量超过1.5亿次，两百多位各界名人出席网络首发礼；数千计名人、红人和官方微博发起、转发、评论影片，覆盖新浪微博人群超过2亿多人次。

由此，慕思所构建的“资深演艺派+网络红人”的微电影制作模式，从策划、品质和宣传策略方面树立了家居企业在微电影领域营销探索的新标杆，慕思床垫的健康睡眠理念也随之得到了广泛传播，引起了观众的共鸣。

这就是最好的事件营销，也是故事营销。其实，有很多企业都是利用事件营销来打造自己的品牌的。故事营销不能脱离企业发展战略、企业文化而随意传播，而故事营销中最核心的部分——生动趣味的小故事，则要紧密结合商品的属性并符合商品的定位。

第五节 文化营销

文化营销强调企业的理念、宗旨、目标、价值观、职员行为规范、经营管理制度、企业环境、组织力量、品牌个性等文化元素，其核心是理解人、尊重人、以人为本，调动人的积极性与创造性，关注人的社会性。

在文化营销观念下，企业的营销活动一般奉行的原则：给予商品、企业、品牌以丰富的个性化的文化内涵。

文化营销系一组合概念，简单地说，就是利用文化力进行营销，是指企业营销人员及相关人员在企业核心价值观念的影响下，所形成的营销理念，以及所塑造出的营销形象，两者在具体的市场运作过程中所形成的一种营销模式。

企业卖的是什么？麦当劳卖的仅是面包夹火腿吗？答案是否定的，它卖的是快捷时尚个性化的饮食文化。中秋节吃月饼吃的是什么？我们难道只吃的是它的味道吗？不是，我们吃的是中国民族传统文化——团圆喜庆。端午节吃的是粽子吗？不是，端午节我们是在纪念屈原，吃的是历史文化。过生日吃的是蛋糕吗？也不是，吃的是人生的希望与价值。喝百事可乐喝的是它所蕴含的阳光、活力、青春与健康；喝康师傅冰红茶喝的是它的激情、酷劲与时尚。

总之，通过以上例子我们看到在商品的深处包含着一种隐性的东西——文化。企业向消费者推销的不仅仅是单一的商品，商品在满足消费者物质需求的同时还应满足消费者精神上的需求，给消费者以文化上的享受，满足他们高品位的消费。这就要求企业转变营销方式进行文化营销。

物质资源会枯竭的，唯有文化才能生生不息。文化是土壤，商品是种子，营销好比是在土壤里播种、耕耘，培育出品牌这棵幼苗。文化营销是指把商品作为文化的载体，通过市场交换进入消费者的意识，它在一定程度上反映了消费者对物质和精神追求的各种文化要素。

红木家具本身为中式文化的集大成者，当下，一些红木企业在打造品牌形象时，将红木家具与其他传统文化结合，用另辟蹊径的方式传达红木家具的文化内涵。

比如，连天红中式宫廷红木家具冠名赞助京剧大赛，在红木业内这样的宣传方式还并不多见。对此，连天红中式宫廷红木家具宣传部经理胡微尉表示，京剧与红木同属国粹，赞助京剧大赛是传统产业赞助传统文化的典型，与其他的宣传方式相比，显然更有利于大众对传统文化的关注。

在冠名京剧大赛的同时，连天红还在国内悬赏百万元，为“仙游仙游骑石马看家具”上联征集下联，巨额奖金引来众多眼球。古香古色的对联正好与红木家具的文化内涵彼此呼应。

古老的红木文化的确需要“尝鲜”新的推广方式，这样能够进一步拉近市场距离，在获得市场关注度的同时，接触人们对红木家具的审美以及使用需求，从而获得新的设计灵感，让古老的红木家具开出新花。

如今企业之间的竞争变得越来越激烈，但是曾经风靡一时的价格战也是早已经不在，如今企业之间的竞争似乎已经从传统的价格战上升为品牌战，越来越多的企业意识到品牌的重要性，品牌意识已深入人心，那么究竟什么是品牌呢？

对品牌的定义有多种，品牌联播对品牌的界定是：品牌，指能为顾客提供其认为值得购买的功能利益及附加价值的商品。并且企业如今对文化营销的重视程度也相对以往有了很大提高，企业的商品需要文化营销由此产生了品牌，为进行商品宣传，企业更多的是选择新闻媒体策划与传播机构，在进行商品文化宣传的同时，也对企业文化进行宣传，达到迅速提升品牌影响力，以及提升顾客信任度。品牌营销并不是短时间就能体现的，它是一个长时间的积累，顾客对企业认知的积累，青睐的积累。

1. 品牌推广

品牌推广是需要长久持续推广的品牌营销方式。通常，制订品牌推广计划，必须遵循三个原则。

第一个是具体性。具体性是指整个计划实施的步骤是什么，计划过程会出现什么样的情况并如何处理，计划应该如何执行，计划最终实现的目标是什么等各方面的具体品牌内容。

第二个原则是合理性。计划是为了最终实现目标，计划并不是一纸空文，计划的目的是为了有结果，若计划设置目标太高，又难以完成这便失去了其原本的存在价值。但是计划目标又不能设置得过于低，计划必须具有挑战性，这样才能提起执行者拼搏的心。

第三个原则是时间限制性，时间限制性是给计划定出一个期限，将整个计划分成若干个步骤，合理安排时间去完成。

2. 推广目标

选择推广目标很重要，而且目标的选择必须具有针对性，也就是说目标是自身商品的最主要消费者。任何推广策略都有一定的成本，控制成本是企业制胜的关键，进行品牌推广也有其成本控制的范畴。若选择的目标过于庞大，那么其支出必然高，而且其支出有很大成分上是浪费在了没有消费潜力的顾客上，如自身品牌是针对年轻人，若将老幼都考虑进去，那么必然会导致成本过高，而且没有好的成果。

3. 推广渠道

在当今社会，推广宣传传媒一般可分为三种。

第一种是电视及电台传媒。以往电视及电台传媒是最为有效的推广宣传传媒，但是由于现今电视频道及电台频道的日益增多，人们可选择的范围较广，故而一般的电视宣传就得不到企业想象中的成绩。若是投资热门的频道节目，这就需要考虑成本的问题了。

第二种传媒是报纸杂志。报纸杂志在当今的传媒中仍旧占据着很大的比例份额，毕竟人们还保持着看报读书的优良传统。而且报纸杂志具有很强的人群针对性，不同的报纸杂志针对的人群不同，这便能实现推广成本价值的最大化。

第三种传媒是当今最为热火的网络媒体。网络在新生代中尤其明显，而且网络媒体具有人群基数大，推广模式便利，推广成本低，可持续推广的优点。国际品牌网专注于网络品牌构建宣传推广十年，具有深厚的推广经验。建议现代企业注重网络品牌的宣传推广，能够获得很好的社会效益。

2013年3月19日，《喜临门中国睡眠指数》在北京发布，该指数是喜临门携手中国医师协会、零点研究咨询集团，经过长期市场调查分析，共同推出的。指数刚一推出，就在各大媒体及社交网络上引起热议，"睡眠指数"一度排上了微博，百度搜索榜前列，喜临门的品牌影响力也随着睡眠指数的发布不断扩大，并带动了喜临门股价的持续上涨。

业界认为，喜临门睡眠指数的发布，将科学睡眠理念提出的同时，加深了喜临门在消费群中的认知度，使"科学睡眠""睡眠指数"等词语，与喜临门品牌形成高黏度，强化喜临门的品牌文化，为品牌打下坚实的市场基础。

从小的方面看，企业文化是企业全体员工衷心认同的和共有的核心价值观念，它规定了人们的基本思维模式和行为方式，这种优秀文化的吸引力可以吸引外部优秀的营销人员来为本企业效力，还可以使本企业内部员工紧密团结在一起，为一个共同的目标而努力，从而达到人力资源的优化配置，确保企业经营业绩的不断提高。

就大的方面而言，知识经济时代，人们在消费物质形态商品的同时，更加注重消费文化形态的商品，从这个角度看，企业最大的效益是由文化创造的，利用文化力营销，从而优化资源配置，推动经济发展。由此看来，文化营销是实实在在的生产力。

第六节　跨界营销

跨界，在商品竞争日益加剧、行业间互动渗透的今天，已不再是什么新鲜词汇。艺术家乐此不疲地跨界混搭。

2011 年 10 月 5 日晚，由伊赛特全程冠名的世界旅游文化小姐大赛安徽区总决赛，于伊赛特家居汇文化广场隆重举行。众佳丽齐聚伊赛特角逐安徽区的冠军头衔。形式别样的 T 台走秀，娇艳百变的活力女郎，给国庆假期的庐州人民带来一场完美的视觉盛宴。

以“美丽使者、旅游世界、品位文化”为主题的世界级选美赛事世界旅游文化小姐总决赛是全球第一个以“旅游文化”为主题品牌的世界级旅游时尚选美赛事。世界旅游文化小姐大赛安徽区的赛事首次落地合肥，也正是因为伊赛特家居汇是安徽首个以“SHOPPING MALL（大型购物中心）”运营的高端家居购物中心，它的定位与这次世界旅游文化小姐大赛“美丽使者、旅游世界、品位文化”的主题不谋而合。

伊赛特家居汇与顶级选美赛事合作，品牌形象得到有力的提升和扩散，共同的文化背景和交叉的用户关注群同时也使自身收获不菲的商业价值。这种“美不胜收”的跨界营销模式相信在将来的高端家居卖场还会不断展现。

在营销上最常运用的跨界概念：商品跨界、文化跨界、渠道跨界的经典案例不胜枚举。从传统到现代，从东方到西方，跨界的风潮愈演愈烈，已代表一种特定生活态度和审美方式的融合，代表了新锐、时尚的生活态度。通过跨界合作，让原本毫不相干甚至矛盾、对立的元素，相互渗透、相互融会，从而给品牌带来一种立体感和纵深感。

1. 以消费者为中心

可以建立“跨界”关系的不同品牌，一定是互补性而非竞争性品牌。跨界营销策略中对于合作伙伴寻找的依据，是用户体验的互补，而非简单的功能性互补。所以，跨界营销讲求的是以消费者为中心的营销理念。

审视跨界现象的发生，不难发现，跨界的深层次原因在于，当一个文化符号还无法诠释一种生活方式或者再现一种综合消费体验时，就需要几种文化符号联合起来进行诠释和再现，而这些文化符号的载体，就是不同的品牌。

每一个优秀的品牌，都能比较准确地体现目标消费者的某种特征，传递一种独特的用户体验。但因为特征单一，同时由于市场上出现类似的竞争品牌和外界因素的干扰，品牌对于文化或者方式、理念的诠释效果就会减弱。

而一旦找到了一个或多个互补性非竞争品牌，就可以从多个方面对目标群体特征进行诠释，进而形成更为完整的品牌印象，产生更具张力的品牌联想。所以，跨界，指突破原有行业惯例、通过嫁接外行业价值或全面创新而实现价值跨越企业、品牌行为。

依据不同产业、商品、偏好的消费者之间所拥有的共性、相联系的消费特征，把一些原本没有任何联系的要素进行渗透，从多个侧面诠释一种共同的用户体验，彰显出一种独特的生活态度、审美情趣或者价值观念，以赢取目标消费者的好感，与目标市场的积极回应。

2. 跨界营销的原则

美国著名商人约翰·华纳梅克曾说："我知道我的广告费有一半是浪费的，问题是我不知道浪费掉的是哪一半。"

这句在广告界为人所共知的名言告诉我们，正确的行销方向与思路决定营销策略的成败。品牌营销是累积品牌资产的必要手段，一步棋之差可能直接导致在市场的失利或隐没，不但不能赢取新进者的芳心，甚至动摇忠诚者的品牌信仰。所以，在大胆拥抱跨界营销这一时兴的行销方式之前，必须了解它的游戏规则。

（1）资源相匹配原则

正如李光斗先生在南方报业传媒集团主办的"2007 年度中国十大营销盛典"上说的："跨界营销最主要要像婚姻一样要门当户对，寻求强强联合，这样才能使跨界营销 1+1>2 获得双赢，否则会给双方带来无尽的痛苦。”

所以资源相匹配，顾名思义指的是两个不同品牌的企业在进行跨界营销时，两个企业在品牌、实力、营销思路和能力、企业战略、消费群体、市场地位等方面应该具有一定的共性和对等性，只有具备这种共性和对等性跨界营销才能发挥协同效应。

（2）品牌效应叠加原则

俗话说“英雄配好剑”，如果将“英雄”和“好剑”视为两个不同的品牌，那么“英雄”只有配上“好剑”才能体现“英雄”的英武，而“好剑”只有被“英雄”所用，“好剑”的威力才能得以淋漓尽致地发挥，两者的相互互补才能互相衬托，相得益彰，发挥各自的效果。反之则只是在浪费各自的价值和资源。

那么所谓品牌效应叠加，即是两个品牌在优劣势上进行相互补充，将各自已经确立的市场人气和品牌内蕴互相转移到对方品牌身上或者传播效应的互相累加，从而丰富合作双方品牌的内涵及品牌整体影响力。

2011 年 10 月 6 日，9 球国际邀请赛决赛在合肥信地红星美凯龙家居生活广场的中庭盛大举行，这也是迄今为止合肥历史上承办的最高水平和最高规格的台球赛事。全世界最顶尖的高手齐聚信地红星美凯龙进行决赛，香港人气偶像周慧敏更是亲临现场，与众多领导一起，担任了开球嘉宾。

当天的红星美凯龙卖场内人潮涌动，气氛极为热烈。乐享国庆特惠建材淘宝的家装业主们能够亲睹不老玉女与球王天后的风采，都倍感兴奋。这也表现出信地红星美凯龙作为安徽首席家居建材 MALL（购物中心），一贯是家居购物文化方面的引领者。正如卖场相关负责人所言：红星美凯龙一直定位于环保、时尚、品位，而国际 9 球运动精神倡导时尚、活力、品位，双方共享着相同的消费群。借助国际体育赛事除了提升品牌关注度外，更是可以综合展现品牌内涵，可谓是营销的升级。

（3）消费群体一致性原则

我们知道，成功的品牌都有其准确定位的目标消费群体，作为跨界营销的实施品牌或合作企业由于所处行业、品牌价值及商品的不同，若要成功跨界，就要求双方企业或者品牌必须具备一致或者交叉消费群体。跨界营销的实质，是实现多个品牌从不同角度诠释同一个用户群体特征。

所以，企业在思考跨界营销活动时，需要对目标消费群体做深入的分析，掌握其消费习惯和品牌使用习惯，以作为营销和传播工作的有效依据。应注意策略的协调性，避免重新注入的元素和消费者的其他特性产生冲突，以避免造成品牌印象的混乱。

在新品牌进入市场时，若使用跨界营销策略，这一原则就显得尤其重要，用得好则借力打力，形成良好又鲜明的品牌形象。

让我们一同看看，安凯高级瓷砖品牌与奔驰的战略合作。

安凯陶瓷是意大利安凯陶瓷集团与佛山市安凯世家建材联合推出的中高档仿古砖品牌。2010 年 10 月安凯中国运营总部在中国陶瓷产业总部基地正式开业，在中国市场上，安凯是一个尚属年轻的新锐品牌。

自 2010 年 6 月采用安凯陶瓷的第一家梅赛德斯—奔驰商务 4S 卖店在长沙开业后，到 2010 年年底，全国已经有 20 多家奔驰专卖店采用了安凯瓷砖，到 2012 年，有超过 100 家奔驰在中国的专卖店，选用安凯商品。

安凯商品借由奔驰的 4S 店展示自己的瓷砖品位和质量，增加与潜在消费者的接触度，提升在目标消费群体中的知名与美誉。面对激烈的仿古砖市场竞争，要在国内市场与马可波罗、金意陶等强势仿古砖品牌争得一席之地，不被海量的传播信息埋没，安凯这一营销举措——借力共赢，实为上上之策。

此案例的成功又从另一方面表现了消费群体统一性原则的必要性，是强化跨界营销效果的基础。

（4）品牌力量非竞争原则

跨界营销的目的在于通过合作丰富各自商品或品牌的内涵，实现双方在品牌或在商品销售上提升，以达到双赢的结果，即参与跨界营销的企业或品牌应是互惠互利、互相借势增长的共生关系而不是此消彼长的竞争关系，因此要求进行合作的企业在品牌上不具备竞争性。

否则，跨界营销就变味为行业联盟。在打破传统营销思维模式、避免单独作战的同时，跨界营销寻求的是非业内的合作伙伴，发挥不同类别品牌的协同效应。跨界合作旨在满足消费者多方位的感官体验和需求，这是有着相近定位的单一品类品牌联合无法实现的。

（5）商品功能非互补性原则

指进行跨界相互合作的企业，在商品属性上两者要具备相对独立性，合作不是对各自商品在功能上进行相互的补充，比如桌子和椅子、沙发和茶几的关系，而是商品能够本身相互独立存在，各取所需，是基于一种共性和共同的特质，带给消费者多维度的消费体验。

比如，在渠道、品牌内涵、商品人气或者消费群体上的互补。换言之，跨界强调的是用户体验上的互补，而非简单的功能性互补。

（6）品牌理念一致性原则

品牌作为一种文化的载体，其代表特定的消费群体，体现着消费群体的文化等多方面的特征。品牌理念的一致性就是指参与合作双方的品牌，在内涵上有着一致或者相似的诉求点或代表有相同的消费群体、特征。

只有品牌理念保持一致性，才能在跨界营销的实施过程中实现：两个品牌的相关联，或者，两个品牌在特定的时候画上等号。

（7）以消费者为中心原则

现代营销出现了巨大转变，企业的营销行为都从过去以生产者为中心向以消费者为中心转变，从过去关注自身向关注消费者转移，解决销售只是一种手段，而关注消费者需求、提供消费所需才是跨界真正的目的。

第七节　互联网和电商平台营销

现今家居行业的市场竞争，已经进入了“渠道为王”的时代。“得渠道者得天下”的说法更是让众多家具企业大打“渠道战”，渠道的重要性已是不言而喻。然而，近几年，随着电商的兴起，家具企业在渠道建设上似乎显得不够稳定：有的家具企业投鼠忌器、畏首畏尾；有的家具企业则急功近利，大举入侵。如何理性处理电商和传统连锁卖场的关系，成为家具企业亟须解决的问题。

1. 传统连锁门店增速放缓

当前，受到电商等新兴渠道的挤压，传统的家具家电连锁门店市场份额和影响逐渐下滑、整体增速有所放缓，已是不争的事实。通过调查发现，绝大多数代理商都纷纷表示了对于传统连锁门店的“高额扣点”以及名目繁多的收费项目的不满和诟病。

不过，不可否认的是，现今的传统家具家电连锁，早已完成了在全国一、二级市场的布局，成为城市市场的主要销售渠道，并随着三、四级市场的开发，将重心下沉，进入县城、乡镇。因此，面对集中而强势的连锁大卖场，主流的家具品牌为了实现规模化和品牌化的发展，就不得不顶住高额的成本压力。同时，对于新晋家具品牌的代理商而言，若想在当地打响品牌知名度，以各大卖场为平台，也不失为一条捷径。

2. “电商+店商”成家具企业渠道新路径

自2008年开始，伴随着互联网的兴起，电商等新渠道模式开始崭露头角。电商的迅速崛起，势必会在一定程度上压缩传统渠道的份额。不过，这仅仅是份额上的此消彼长，并不意味着电商的崛起会撼动传统渠道的地位。事实上，目前家具商品在电商渠道的销售占比仍不足。显然，未来家居行业渠道的业态将会是“电商+店商”的融合发展。

其实，在互联网大潮下，不少传统家具家电连锁卖场本身已经开始变革。以国美为代表的连锁渠道，自2013年起摸索出了线上线下融合的O2O（线上线下电子商务）模式，“店商+电商+零售服务商”的模式成为他们开辟的新路径。由此看来，随着互联网经济的快速渗透，传统渠道业态正式“触电”后，已经不再是单一的某一性质，而是开始显现出融合的端倪。因此，家具企业在渠道建设中，应该做好“电商+店商”的融合发展。

对于家具企业而言，电商的来袭，只是意味着营销环境和应对策略的变化。即：如何利用网络来宣传、拓展、销售自己的商品，大大降低运营成本；如何抓住消费者更趋理性的购买心理，对症下药……而从当前趋势来看，“电商+店商”的融合发展，给家具企业的渠道建设指明了新方向。

第四章

商品介绍思路及要点

很多导购太着急，见到顾客，一张嘴就谈业务，而且唠唠叨叨地没完没了。这样很多顾客都会反感。可能本来还有一点需求，可是遇到这样的导购，就没有了心情。真正聪明的导购是不会开口闭口谈业务的，而是应该让顾客能够接受自己，然后一点点地引导顾客达成交易。

通常情况下，顾客都不会愿意把时间浪费在一个自己不喜欢的人身上，那么他又怎么会愿意买你推销的商品呢？三流的导购介绍尺寸价格，二流的导购介绍原辅材料及特点，一流的导购介绍商品价值、品质、服务、文化，而更加卓越的导购是在强化商品的买点而非介绍商品的卖点。

第一节　由款式和风格介绍提升至设计美学

1. 这是突出的新设计

顾客："你们这套家具这地方有些问题啊!"

导购："我来看看，噢，这不是问题，本来就是这样的。"

顾客："本来就是这样的？你别忽悠我了，这也太不像样了。"

导购："人家商品本来就这样的，你看每一件都这样，我可没骗你。"

顾客："这个可不怎么好。"

顾客有很多种，每个人的喜好不同，每个人对商品的看法也就不同，像情境对话中的这位顾客，把设计师专门设计出来的款式，当成了商品的质量问题，而这个时候导购是怎么做的呢？

"这不是问题，本来就是这样的。"这话一点没错，但是：这是一句真真实实的废话。不仅仅没有一点说服力，还会让顾客感觉到这是在狡辩，我们的导购为什么就不能够把这是设计师的设计这一点讲出来呢？

当顾客继续质疑的时候，这位导购又忙于为自己没有说谎做证明"人家商品本来就是这样的，你看每一件都这样，我可没骗你。"他似乎忘记了自己是在做导购，是要引导顾客购买的，不把重点放在推荐商品之上，而是把时间都浪费在证明商品本来就是那样，自己没有说谎这些不值一提的事情上了，这样的销售方法，能够实现成交才怪。

当顾客把款式问题当成质量问题的时候，我们可以给他讲解这个款式设计的理念和想要表达的主题，然后结合顾客的特点来解释如果顾客采用了这个商品会出现什么样的艺术效果，这样反而更有说服力。当然，如果对方确实不愿接受你的观点，或者你也觉得这个款式不是非常适合，就应该及时引导顾客尝试其他商品。

2. 件件都是精品款式

顾客进店后看了看说道："你家的家具品种真的有点少，质量会不会不行啊？"

导购："怎么会少呢，够多的了。这么多东西你买得完吗？"

顾客："我感觉没啥好买的。"

导购说："你先看看吧，新货过两天就到了，可能会有您喜欢的。"

我们常常会遇这种"多嘴"的顾客，来到店里不管买不买，都要点评一下。而遇到这样的顾客，可不能像情景对话中的这位导购有这么大的脾气。

“怎么会少呢，够多的了”这话给顾客的感觉就是：要么导购睁着眼睛说瞎话，要么顾客自己在睁着眼睛说瞎话，无论是谁睁着眼睛说瞎话，反正顾客感觉都不舒服。

“这么多东西你买得完吗”则当头给了顾客一棒，属于非常有攻击性的语言，其结果是导致顾客与你大吵一架。

“新货过两天就到了”，等于告诉对方我们现在货品确实很少，没有什么好选的，属于非常消极的反应。这样人家能够掏腰包买你的东西才怪。

在终端卖场什么样的顾客都会遇到，很多时候有很多问题其实是不可以也没必要去争个明白的，如果我们家具店人员非要争个输赢，最后吃亏的可能不是别人而是我们自己。因为与顾客争论，我们永远都是输家，就拿该案例所遇到的问题来说吧，甭管结果如何，我们也没有必要正面应对，而应该在肯定顾客看法的同时去积极引导顾客行为就是了。

我们现在有许多导购在做销售的时候很少用婉转的语言，他们以为直来直去就可以将东西卖出去，结果他们在与顾客的争辩中虽然每次都是大胜而归，但门店的业绩却是一落千丈，各位爱争论个你输我赢的导购人员，请问这值得吗？

导购人员要明白，有些问题不一定就是陷阱，如果我们引导得当，可能就是一个非常好的销售机会。顾客说商品少，也许是无心随口一说，导购首先要给顾客足够的面子，如果我们让顾客感到丢掉面子，那么即使你说得再有道理，顾客也不会接受。其次导购一定要学会将话说圆，并且自然过渡到创造好的销售机会，最后水到渠成地切入到推荐建议。

导购可以这样说：“我们这个专卖店摆放的货品确实不多，不过件件都是我们老板精心挑选的精品款式，每款都有自己的特色。来，我帮您介绍一下吧……请问您平时都喜欢什么样的……”

也就是说，首先实事求是地承认顾客的说法，并以此为突破口强化我们的货品，“样样精品”的观念，将介绍提升至设计美学的高度，并顺势引导顾客体验商品的功能。

另外采用如下方案也是可取的，“您说得有道理，我们这儿的款式确实不多，因为我们老板喜欢比较有特色的东西，不过有几款商品我觉得非常适合您。来，这边请，我帮您介绍一下，请问您是想看看……还是……”真诚认可顾客说法，然后简单说明理由，但这仍然没有达到我们的目的，我们的目的是引导顾客购买。所以，接下来一定要有意识地去引导顾客了解我们商品的优势卖点，这才是一个正确的导购方向。

3. 有人模仿我们的款式

顾客：“这款家具很多地方都有卖的，而且价格便宜很多呢。”

导购：“我们这是品牌！那和我们的不是一个档次，一分钱一分货！买我们的家具比较有保障。”

顾客：“我没觉得有什么不一样，倒是价钱上差那么多，我还是去别家看看吧。”

顾客买家具经常会提出这样的质疑，别处的款式和我们相同，但是价格要比我们低许多，面对这个问题，情景对话中的导购是怎么处理的。

首先“我们这是品牌！那和我们的不是一个档次，一分钱一分货！”导购这样的说法明显是带着情绪的。一方面暗含着对所谓的和我们有相同款式的别家商品的蔑视，另一方面也隐含着顾客不识货这样的意思，这很容易让顾客产生不必要的误解。

“买我们的家具比较有保障”这是一句空话，保障何来？因为是品牌就有保障，牌子不够响亮就没有保障了吗？这在消费观念变化迅速的今天，是没有什么说服力的。难怪顾客会离开。

其实当顾客提出这个问题的时候，我们应该做两方面考虑，一是真的有这么一家家具店存在，二是根本就是顾客在虚构，这是顾客所采用的一种谈判策略，顾客想通过这种方法给导购施加压力，让导购把价格降下来。

在市场上，仿照款式的情况是客观存在的，而且数量之大令人难以想象。我们在销售过程中，接受顾客这样的质问的次数有很多，尤其是知名品牌，更是经常处理类似问题。

对于这种情况消费者往往会拿价钱说事，希望卖方能够在价格上面做出让步，这时候导购应怎么应对呢?

聪明的导购这时候都应该镇定，去判断顾客的真实用意，而不应该带有情绪地去否定顾客，否定仿制商品。我们要做的是，谦虚客观地向顾客强调自己商品的优势，使顾客感受到我们的专业和体贴。只要我们能站在顾客的角度为顾客设想，把优劣向顾客说明白，就不愁销售工作做不好了。

不妨这样说：市场上确实有人模仿我们的款式。上次有个顾客也跟我提起这个问题，不过后来还是买了我们的东西，因为她发现在颜色、做工、外观、材质及细节等方面还是有很多不同，并且整个使用的感觉都很不一样，我光说您可能还不太明白，您一定要亲自体验才可以感受到效果的差异（引导体验）。

你看，多么巧妙的转移，多么大度的胸怀，多么专业的表现！既告诉了顾客自己是正牌，同时又自然强调了自己的卖点，非常具备说服力。以讲故事的方式通过他人之嘴巧妙地说出我们商品的卖点，并且自然地引导顾客亲自去体验。这样顾客才会心甘情愿地购买商品。

第二节　商品品质及工艺质量

1. 不卖折扣，只卖品质

顾客：“你们的东西可真不便宜，能打几折呢？”

导购：“对不起，我们的东西从来不打折。”

顾客：“是吗？那要是我买了，这么贵的东西，你能保证三个月内你们不打折吗？要是打折，就赔我差价？”

导购：“这我可不能保证，那些调整都是公司说了算。”

顾客：“那我还怎么敢买啊！”

导购：“你放心买吧，就是打折也差不了多少钱。”

有很多顾客都有这样的顾虑，担心自己买了以后不久商铺就开展活动，对自己挑选的商品进行降价处理，所以他们会提出像情景对话中这位顾客提出的要求。面对这样的问题，我们导购往往觉得顾客是在无理取闹。

“我们的东西从来不打折”，这种说法很坚定，但是也正是这种说法，让顾客产生了“只要打折就赔差价”的想法。对于折扣上面的问题，我们不要说得过死，因为随着公司战略的调整，很难讲什么时候就开始搞促销活动。

“这我可不能保证，那些调整都是公司说了算”这个说法明显和前面的坚决产生了矛盾，这让顾客觉得导购难以信任，同时也增强了顾客对“这件商品会降价”的顾虑，“就是打折也差不了多少钱”，进一步表明这件商品打折的可能性非常大。让顾客断绝了购买意向。

以上所有的应对方式都没有真正为顾客解决问题，而仅仅是做简单的处理。没有为顾客提供一个购买的理由，所以也就无法推动顾客购买商品。如果导购在顾客买东西的时候传递给顾客新商品还会打折的信息，顾客的购买欲望一定会大为降低。

难道顾客真的仅仅是怕以后打折，自己吃亏吗？这只是表面现象，其实是因为现在的价格多少有些令顾客不能接受，所以他才想出这么苛刻的要求来难为导购。其实这也不怪顾客，顾客都是讲道理的，如果顾客不讲道理，那一定是我们的工作没有做好，那一定是我们逼得顾客不讲道理。

顾客的许多购买行为都属于冲动性购买，他们做出购买决定更多的是因为感觉，尤其是女性顾客。如果感觉好就容易产生购物冲动从而完成购买行为，感觉不好，即便导购说得天花乱坠，顾客仍然不为所动，甚至逃之夭夭。

那如何才能让顾客感觉良好呢？我认为导购一定要把握好语言的艺术，把话说得委婉而且圆满，就此顾客在我们门店感觉受到尊重，感觉自己是本店最重要的客人，这样有利于顾客配合家具店工作从而使问题处理变得更加容易。

相信任何一个导购在遇到类似的情况时都会觉得有困难，顾客显然是发自内心的喜欢你的商品，而且他在你面前也毫不掩饰自己的喜欢，唯独就是觉得价格有点接受不了，对于这样坦诚的顾客，我也应该坦诚相对，首先告诉顾客我们的价格策略及其优点，然后给顾客一个台阶后强调商品优点并顺势引导顾客体验商品。

当顾客问到折扣的时候，我们可以这样回答他，这里面有两层意思，一是我们没有折扣，不讲价。二是我们的品质过硬，以质取胜。当顾客依旧有异议的时候，我们可以继续讲我们的品质，把价格问题转化，解释为什么我们的价格要稍微贵点的原因，最后告诉顾客买错东西的后果。这才是解决价格异议的正确方法。

2. 看哪个商品更合适

顾客："哎呀，真不知道选哪个好了，隔壁那家也有类似的商品……”

导购：“这很难说，我不太了解其他的牌子，都还不错吧。”

顾客：“那家店好像更有名一些。”

导购：“都差不多，其实他们就是广告打得多而已。”

顾客：“要不你给我参谋参谋？”

导购：“各有特色，看个人喜好吧，我们的商品挺好的，就买我们的吧。”

顾客买东西难免会货比三家，当有些顾客拿我们的商品与竞争对手的家具店比较的时候，确实令人不好处理。我们看看情景对话中的这位导购，一直也没有找到好方法来说服顾客。

“这很难说，我不太了解其他的牌子，都还不错吧。”这样含糊其辞的回答给人的感觉就是相当于没说一样，显得导购很不专业，竟然对自己竞争对手的商品都不了解，自然很难得到顾客的信任，让顾客更加困惑。

“都差不多，其实他们就是广告打得多而已。”这样的言语中有贬低竞争品牌的意味，这样做可能在贬低竞争对手的同时也损害了自己的形象，使所经营的品牌遭受贬值，这种做法很不可取。

当顾客让导购参谋时，“就买我们的吧”这样的话语很容易让顾客觉得导购没有诚意，一心只想推销商品，这样往往容易激怒顾客，造成顾客的流失。

对于货比三家犹豫不决的顾客，没有经验的导购不是直接推销自己的商品，就是直接贬低竞争对手，要么就是自己缺乏自信从而抑制了顾客的购买热情。其实这些都是大可不必的，遇到类似情况，作为终端导购一定要明白，我们根本没有必要与顾客比较两家商品的好坏，我们要做的只是将我们商品的优点充分展示出来，同时弱化但不贬低竞争对手就好，让顾客在自己心中，有一个对比，有一个选择。

首先简单处理顾客提出的问题，告诉他两个牌子都是正规的商品，没有谁优谁劣之分，而且不用考虑牌子响不响，关键在于货品是否适合自己，然后详细地向顾客介绍自己货品的特点，最后告诉顾客自己的货品是最适合顾客需求的。

其实家具店竞争不同于行军打仗，不一定非要打个你死我活方能定英雄。如果一个家具店四处树敌，那就是战略方向上面发生了错误。我们现在有许多零售家具店浪费了很多资源在竞争对手的打压上，却忽略了对顾客的关注程度。其实只要做好了顾客这一方面，必然会在竞争中取胜。

第三节　商品结构及功能特征、用途

1. 以专家的眼光来介绍商品

作为顾客，不是所有人都了解和熟悉你的商品。当顾客需要对商品进行详细咨询的时候，导购就要以专家的眼光来介绍商品，要对商品的优缺点、市场行情等都了如指掌，对答如流，这样才能够更好地为顾客解惑释疑，帮助顾客找到适合他们的商品。如果导购总用“肯定”“保证”“绝对”等虚伪的词汇，会让顾客有夸大其词的感觉。

导购在介绍商品时的专业程度直接关系到顾客的最终选择。美国寿险推销大王乔·坎多尔弗说：“你如能在顾客的事业领域中表现出你是专家，便可以增加你的可信度。”任何一个顾客都希望与一个专业素质高的销售员合作，因为只有专业才能提供更多的保障。导购在介绍商品时需要采用专业的形象、专业的话语，使自己的营销活动尽可能高质量、高效率地展开。

导购要想成功地销售自己的商品，就必须成为行业的专家。他要不仅对本公司的商品了如指掌，还要了解其他同类商品的功能和特点。因此，如何进行商品介绍是所有导购的必修课，也是最基础的技能。普遍采用的方式也大同小异，但最重要的一点就是，导购在顾客询问商品时，能够以专家的眼光来介绍商品的功能、特性、优点等。具体来说，导购需要做到以下几点。

（1）未雨绸缪，介绍商品前要做好各方面的准备工作

专业的形象。导购要注意自己的形象，不要给顾客留下不好的第一印象。推销商品，首先要推销自己。只有首先留给顾客良好的印象，你才能开始第二步。

专业知识。美国保险业协会的权威人士约翰逊曾说过："成功的保险业务员与挣扎中的保险业务员的差异在于其所掌握的专业知识的程度不同。"可见，良好的专业知识是销售成功的基础，也是衡量销售人员表现优劣、是否专业的分水岭。

专业知识包括商品知识、公司知识、顾客信息、竞争对手信息、行业知识，以及环境状况，你对专业知识掌握得越多，越有助于你快速赢得顾客的订单。说服顾客，不是靠强硬的语气，也不是靠威逼利诱，而是靠丰富的知识，才能让顾客心服口服。

（2）修饰自己的专业语言，让说出的话更有说服力

结合专业，运用文明标准的销售语言。比如："××先生/女士，我希望您不仅购买了我们的商品，也会喜欢上我们的商品，所以，您要选哪一款商品，我想告诉您我的建议是……"

面带微笑，使用训练有素的语音、语调和语速。这是和顾客沟通时传达给顾客的第一感觉——信任感，只有这样，顾客才愿意和你沟通下去。

在介绍商品时，千万不要冒出一连串的专业术语，以显示自己的权威。实际上这反而暴露了导购的不专业，这只能证明你对商品的掌握仍是一个初级的、粗浅的层面。要尽量使用通俗易懂的语言来介绍，让顾客易于判断和购买。

（3）展现专业的素质，让顾客更信服

导购以专家的眼光来介绍商品的时候要低调谦虚，不能骄傲自大、不可一世，这样容易引起顾客的反感。

导购不能因为自己比顾客更专业而把自己的意志强加给顾客，要求顾客怎么做，而应该把商品的性能、特点、与其他同类商品相比的优点明白地告诉顾客，让顾客自己做选择。

导购要节约顾客的时间，在介绍商品时不要为了和顾客套近乎而说一些无关紧要的话，这不仅浪费顾客的时间，还会令顾客反感。商品介绍一定要围绕销售目标展开，才能在有效的时间内把商品的卖点传达给顾客。

专业知识是有说服力的，如果你用专家的眼光来介绍商品，顾客会有一种顺从的倾向，会毫不怀疑地执行你的请求。因此，在营销活动中介绍商品时，做个专家型的导购吧！

2. 现场展示，当场试用

导购能不能尽快地让顾客了解商品的结构、功能，对成交有着很重要的影响。很多经验老到的导购都采取一种现场演说的办法。即举办一个小型的推介会，由导购直接直观地演讲、展示商品，当场试用，顾客免费体验，从而激起顾客的购买欲。

商品的现场展示是最为直接也是最为有效的方法，更是迅速提高销售业绩最为直接的一个办法。

某导购在推销一件不知名的新式笤帚时，就用了现场演示的方法。

当时，他在地上放置了很多不同类型的杂物，有纸屑、铁钉、碎玻璃等。他邀请了几位台下的观众上台体验试用。一试用，很多在场的顾客对这个不知名的、外形设计一般的笤帚的清洁能力都大吃一惊。当大家发现这笤帚的清洁效果如此之好，价格还很便宜时，于是纷纷购买。

活动现场的备货卖得大热，并且凭借着用户的相互宣传一举打开了当地的市场。就这样，一个展示的舞台，一地的废纸屑、铁钉，帮那位导购赚到了 7 万元的订单，这大大超出了导购自己的预期。

此后，他每到一座城市，每在一个经销点举办销售会，都会如法炮制，并能奏效。我们不禁佩服他，而且还要向他学习。一个好的导购，应该想尽一切办法，把商品的卖点打造成亮点，使商品在众多品牌中能脱颖而出，迅速吸引顾客的眼球，并让顾客有购买的冲动。

现场展示销售是一个很好展示商品卖点、亮点并吸引人气的方法，为了达到更理想的销售效果，应注意以下几点。

（1）根据商品的功能进行演示

有些功能比较单一的、操作也比较简单的商品，在现场展示时，只要迅速地把它的主要功能展示出来，把选择权交给顾客，很快就能达到理想的效果。比如，卖的是防水的手表，那么就可以直接在演示台上放一个大鱼缸，然后把手表放到鱼缸里边，这样，手表的防水功能就一目了然了。

（2）现场销售的时间性

在现场的销售会上，时间就是金钱。导购应该明白商品的现场展示会带来的销售效果应该是即时的。如果不注意抓紧现场交流的那段宝贵时间，等顾客离开会场了，再想去促成交易就很困难了。所以，“时间就是金钱”这句话在商品展示会的舞台上体现得尤为突出。导购在举办类似的销售推介会的时候应该事前明确时间，布置好现场跟单的工作。

（3）现场演示的卖点要吸引眼球

如果商品在演示的时候还是主推常用功能，比如刚刚的防水手表，如果你还是把它戴在自己的手腕上，说手表可以看时间，我相信有的顾客甚至会当场离开。如果商品本身缺少新颖的卖点，这种为了演示而演示的方法，基本上很难激发顾客的购买欲望。比如一把笤帚可以演示它扫铁钉、扫废纸等一些非常规的垃圾，那么这把笤帚的清扫能力很容易就凸现出来。而商品本身的功能为卖点，结合实用性与创新性为一体，那么很快这个就能变成全场的亮点，而在场的顾客，如果对这方面有需求的话，自然会很乐意地掏钱购买。

（4）演示要有趣味性

如果现场演示像是做一个政治报告会的话，会让顾客感觉到非常的不舒服。因此，适当地增强演示的趣味性，活跃现场的气氛，对于激发顾客的购买欲望是很有帮助的。因为只有在完全放松的状态下人们才会放得开、聊得开。

（5）演示的主次分明

一件商品的特点有很多，导购可以在演示的时候选择突出重点，学会强弱得当，对于那些顾客不关心的功能要一语带过。把顾客真正关心的那些特点重点包装成卖点、亮点。只有这样，才能让自己的商品更加迎合顾客的需求心理，也更有助于顾客购买商品。

（6）创造良好的气氛

聚拢人气、拉近与顾客之间的距离最好的方法就是叫卖。只要卖场允许，声音能放多大就放多大，这样能够让顾客感觉到自己就是这次推介会的一员。此外，还可以用一些装饰硬环境的方法达到渲染气氛的作用。比如用一些气球、剪贴画、装饰物，甚至是商品的元件，也能让顾客尽快地进入到推介会的角色中去。商家还可以借助投影仪、液晶电视、笔记本电脑等凸显顾客的尊贵气息。

（7）演示要注意安全、利落

在做活动的时候，安全是第一位的。如果事先安全工作做得不到位，推介会进行的过程中突然发生意外，那么不仅是坏了气氛使顾客大部分流失，还会造成其他意想不到的损失。如果整个商品推介会事先准备得不充分，演示时磕磕绊绊的，会给顾客一种拖泥带水的感觉，那么很有可能引起顾客的反感，甚至会让品牌受到影响。因此安全问题、会议活动流程的设置都是容不得半点马虎的。

一个优秀的导购往往是善于掌握人们心理和态度的杰出人才。要想得到顾客的认可，就必须先深入了解顾客的心理。掌握了顾客的心理，再向他推荐商品的亮点，才能真正地满足顾客的需求。

第四节　商品价格及价值塑造

1. 先强调价值，再谈价格

价格是商品的货币表现形式，商品的价格直接影响到消费者的心理和判断，也就是决定着消费者的购买意向和购买的数量。

记住一句话：价格永远不是成交的决定因素。因为无论你的价格多么低，都会有比你的商品更低的价格。如果你没有把商品的价值展现给对方，对方怎么知道商品的价值所在呢？因此，要先把商品的价值展现在对方面前，印入对方的心中，然后再谈价钱。这样，你才能做到看似不可能做到的事情。

购物经验在很大程度上决定了顾客对于商品价格的反应。如果顾客多次购买价格高的商品，回去使用后发现很好，那么在他的脑子里，就不断强化“质优价高”的判断和认识。反之，如果顾客多次购买便宜货，在使用后发现不如意，那么就会增加“便宜没好货”的认知。

在一对一的销售时，导购完全有时间了解顾客的购物经验，从而对顾客接受的价位进行准确的判断。如果顾客一上来就问价格怎么办？

这时可以采取模糊战术来转移对方的注意力。比如对方询问你价格时，你可以说：“不同的商品就有不同的价格，这取决于你选择哪种型号，要看看您有什么特殊的要求。”“商品从百上千的都有，就看你喜欢哪一款了？”

即使顾客想马上知道价格，你也要建设性地补充道：“在考虑价格时，你还是要考虑商品的质量和使用寿命。”在做出答复后，你应该继续促销，不让顾客把思维停留在对价格的思考上面，而是要回到商品的价值上面去。

2. 顾客对价格有异议的处理

顾客：“这商品看起来不错，外表设计挺吸引人，就是啊，就是太贵了。”

导购：“这您还觉得贵？那这市场上可就没有便宜的了。”

顾客：“我觉得还是贵了。”

导购：“那就没什么好说的了，价格可不是我定的。”

顾客：“我想知道它的质量到底怎么样？”

导购：“您放心好了，我还能蒙你？我们的商品可是经过国家有关部门检验合格的。看看，那里还有证书呢。”

顾客：“我家里的还不是一样有认证？用了没多久，就不行了，我这不又来看新的。”

导购：“那您换一台好的就是了，这台就成。”

在我们的推销过程之中，价格异议是最常遇到的情况，每个导购都可能遇到价格异议。可以说完美应对价格异议，已经成为每个导购走向王牌导购之路所必须具备的技能之一。显然，我们情景对话中的这位导购就是这方面的失败者。他之所以不能够直接成交，原因在于他陷入了顾客的价格异议当中，错误地把顾客的价格异议当成不想购买的原因，没能更好地陈述商品的性能与优点。他态度恶劣，没有很好地找到满足顾客需求的办法。

有些导购误以为商品的最大竞争力在于价格，似乎只要价格比同类商品低廉，商品就可以很好地找到销路。其实，价格、质量、售后服务等只不过是顾客异议的表层原因而已，真正的买主不只关心价格，更关心商品的内在价值。

如果你以为商品的性能是最重要的，那么是不是你的商品最好，你的销路就最好呢？不是的！世界上没有最好的商品，只有最合适的商品。在我们的推销工作中，价格总是被顾客最常提起的话题。不过挑剔价格本身并不重要，重要的是在挑剔价格背后真正的理由。因此，如果有人挑剔你的价格，不要和他争辩。相反，你应当感到欣喜才对。因为只有在顾客对你的商品感兴趣的情况下才会关注价格，你要做的只是让他觉得价格符合商品的价值，这样你就可以成交了。

突破价格障碍并不是件困难的事情。因为顾客如果老是在价格上绕来绕去，这是因为他太注重于价格，而不愿意让你把商品介绍着重在他能得到哪些价值上。

你可以告诉他在日常生活中，你付一分钱买一分货。你不可能不花钱就能买到东西，也不可能用很低的价格却买到很好的商品。每次你想省钱而去买便宜货时，却往往悔不当初。一分钱一分货，是买卖之间最伟大的真理。当你用这种方式做展示说明时，顾客几乎都会同意你的说法。

你可以告诉他，在这个世界上，我们很少有机会可以以最少的钱买到最高品质的商品。这就是经济的真理，也就是我们所谓的“一分钱一分货”的道理。以价格引导购买决策，不完全是有智慧的。没有人会为某项商品投资太多，但有时投资太少，也有它的问题。投资太多，最多损失了一些钱。投资太少，所购买的商品无法带来预期的效果，那损失的就会更多。我们的商品在这高度竞争的市场中，我们可能没办法给他最低的价格，但是我们可以给他目前市场上这类商品中可能是最好的整体交易条件。

如果顾客了解你是绝对诚实而爽快的人，那么他必定会知道你的价格无法减让。这不是拍卖会，你并不是在那里高举商品，请有兴趣的人出价竞标。你是在销售一项价格合理的好商品，而采购决定的重点是你的商品适合顾客解决问题和达到目标。

没有不嫌商品贵的顾客，当顾客提出价格异议时，退让或者强硬的拒绝都是不可取的。作为一名导购，我们应该用语言来说服和引导顾客，强调我们的商品是适合他的，我们的商品物有所值。

强调商品的内在价值是解决价格异议的重点所在。导购首先可以肯定了顾客的眼光，从而拉近与顾客的距离，然后很好地陈述商品的性能与优点，并强调商品售后服务的完善，激发顾客的兴趣与购买欲望，消除顾客的心理疑虑，促使顾客下定决心购买。

第五节　商品保养及售后服务

1. 商品使用及保养方法

顾客："你说你这个商品在这看着好好的，回去之后会不会在质量上出现什么问题？"

导购："你放心啦！肯定不会啦！"

顾客："那可说不准，现在这些东西啊，质量上总出问题。"

导购："如果我的商品质量有问题，在全中国你都不用买了！"

顾客在看商品的时候往往会有质量疑问，有的时候听上去好像是在自言自语，其实是在暗示导购：我对这个商品还有疑虑。这个时候我们导购要做的就是让他放心。

怎么让顾客放心呢？我们看看情景对话中的回答。"你放心啦，肯定不会啦"，这样的回答属于应激性的回答。即顾客不论什么时候问这个问题，导购当下可能会反射性地采用这种回答的方式。这样的说法没有说服力，而且如果导购的语气不好，还会让顾客产生"评价顾客没见识、多此一举”的歧义，有很强的鄙视意味。“如果我的商品质量有问题，在全中国你都不用买了”这话更是不好，即暗示顾客的异议只能说明顾客太笨，给顾客一种嚣张的感觉，从而导致沟通的失败。这些话我们都不建议采用。

其实质量问题是顾客担心的重点。顾客最容易针对质量和售后服务提出问题。当顾客提出这样的问题时，导购要有信心，绝对不能够敷衍顾客，这样顾客才能够从导购的信心中产生对商品质量与售后服务的信心。

导购切记顾客有多种选择的权力。因此，在处理顾客异议时，导购不能伤害顾客的情绪。导购与顾客沟通时，要有选择地去讲话，要讲顾客感兴趣的话，或者说要讲利于促成销售成交的话。导购不仅要注意语言，而且行动上的一点点变化也能帮助说服，比如说话时要望着对方，密切关注顾客口头语言、身体语言等信号，留意他们在购买场景时的心理特征与表现方式，并准确作出判断，紧紧抓住顾客的心理。顾客在决定购买之前，通常都会找一些借口来推脱试探。导购一定不要相信顾客这些言不由衷的借口，要抓住顾客的心理特征，用心理学的眼光来观察、留意，通过科学的观察方法来判断真与假。导购一定要通过自己的表现来取得顾客的信任，这样才能够赢得顾客对商品的信心。

当顾客提出价格异议的时候，我们不是要反驳他，而是去安慰他，让他建立对商品的信心。“保证您买得安心，用得放心”。

这种说法有效地将信心传递给顾客，并且能够很好地解决顾客的异议。导购要仔细地倾听顾客的顾虑，了解顾客的需求，然后通过专业的解答和正确的引领，使顾客消除顾虑。在介绍商品时不要主观地否定顾客，而是要让顾客理解你的解释，认同你对商品介绍，以此达到销售的目的。

2. 提供售后服务及保障

某顾客购买的商品虽然尚处在退货期内，但却因非质量问题而要求退货，而根据家具店的退换货规定，这种情况是不允许退货的。于是在这个问题上，顾客和售后人员起了争执：

顾客："这个东西又没有坏，怎么就不能退货？"

售后人员："这不是质量问题，不属于退货范畴！"

顾客："这是谁定的霸王条款，我现在就是不想要这个东西了，为什么不给退？"

售后人员："没办法，这是您自己看好的，我们不能给您退货，您买的时候不是很喜欢的吗？怎么现在又要退了？"

两句话不和，顾客和售后人员就此事吵了起来。

许多售后人员在面对顾客的退货要求时，表现出性情急躁，语调激昂，或者解释得过于简单机械，这就会给顾客产生一种售后人员想极力推卸责任的感觉。就像情景对话中的情况一样，顾客和家具店之间很自然地形成了对抗。那么上面这个售后人员的应对到底错在哪里呢？

总的来说，有以下几点。

（1）生硬拒绝，快速激化矛盾

在出了顾客售后服务的问题时，任何将矛盾激化的解决方式都是不明智的方式，任何将问题扩大化的推销方法都是在给自己制造麻烦。而情景对话中的那位售后人员一句"不是质量问题，不属于退货范畴"非常生硬地把顾客的要求拒绝了，自然会引起顾客的强烈反击。

（2）有责怪顾客之嫌

这主要是售后人员说的"您买的时候不是很喜欢的吗"这句话，不仅显得过于机械生硬没有说服力，而且还有责怪顾客当初考虑不周的意思。售后人员这么说，显然都把责任推给了顾客，而自己则落得一身轻。其实作为售后人员，即便顾客出现这种无理由退货的情况，也不可以将所有的责任全部推给顾客，毕竟售后人员也有参谋建议的责任。如果顾客在购买了商品之后，真的觉得不适合的话，售后人员也要勇敢地站出来承担责任，而不能以“这是顾客自己选的”为理由拒绝服务。

（3）只知道拒绝顾客的退换货，却没有懂得倾听顾客的理由

通过倾听找出顾客真正退货的原因，可以更好地让售后人员来解决这个问题。毕竟真正没理由的事情是很少的。当然，导购在倾听的过程中，要特别注意自己的态度与语言，千万不要为了一时之快而去激怒顾客。

遇到顾客的无理由退货，很多售后人员都会据理力争。毫无疑问，这样的做法不仅不能达到很好的效果，而且还会激化双方的矛盾，使得事情无法解决。那么在遇到这种情况的时候，售后人员该如何说话呢？

我们不妨来看看优秀售后人员是如何说的：如果质量有问题，我们一定会为您服务到位的！

在一般情况下，家具店只负责为有质量问题的商品调换或退款。这一点，顾客也知道。关键是售后人员在阐述的时候，如何把这句话说得好听一点，让顾客容易接受一点。这就需要一个技巧了。“如果质量有问题，我们一定会为您服务到位的”这句话，不仅从侧面提醒了顾客这一点，而且还正大光明地拒绝了顾客的要求。毫无疑问，顾客也知道是自己理亏，自然也就不会再进行纠缠了。

除此之外，售后人员还可以接着询问顾客退换货的真正原因，从而有针对性地解决顾客的这个问题，从根源上说服顾客。比如说“您先不要急，让我来帮您处理这个问题。请问一下，您觉得××商品什么地方让您不满意了，您可以具体说明一下吗？”

“是这样的，遇到这种问题真的很抱歉，我明白您的意思，其实这款商品在款式功能上的优点……之所以如此设计是因为……所以当您用的时候显得会……”

说到底，就是售后人员在遇到顾客无理由退货的情况时，售后人员首先应该安慰顾客，照顾顾客的情绪，并且让顾客感觉到我们非常乐意帮助他解决问题。并且让顾客主动说出事情原委，然后针对原因有的放矢地加以解释。这样事情才能真正得到圆满解决。

第五章

销售话术与成交技巧

嫌价格贵是消费者的习惯说法，价格同时也是衡量品质的一种标准，不要一开始就告诉顾客价格。报价以前先进行价值塑造，把顾客注意力引导到商品价值及利益角度上，不利因素不提或回避，避免顾客借机杀价。越早报出低价你将越早失去主动权，尽量把顾客的心理底价掌握以后再谈成交价。

因此，我们在家居终端运营过程中，会强调一个观点，即在没有对商品做价值塑造之前，我们拒绝报价格，一旦报了也是白报。大家试想一下：哪一个顾客在进店后就问价格，然后就成交购买的，事实上是没有的。

第一节　消费分析

只有了解对方的购物需求，才能逐步实现自己的销售目的。导购只有在了解顾客的消费心理，同时针对他们不同的购物需求采取适当的应对措施后，才能真正洞悉顾客的心理，从而更好地说服顾客并激发顾客潜在的购买欲望。

顾客的购买行为是在动态的、交互式的过程中完成的。因此，他们所下的购买决策的有效性会随着其消费心理的变化而变化。这时就需要导购随时洞察顾客的心理活动，利用品牌形象、面对面交流等机会，引发顾客对商品的关心与注意，激发出那些已存于顾客身上的潜在需要，促使他们做出最终的购买决定。

1. 顾客需求的五个层次

美国社会心理学家马斯洛针对人的需求，提出了需求层次论。他认为人们的需求是以层次的形式出现的。这是一个“金字塔”式的需求层次：从低级需求开始逐渐向上发展到高级需求；当层次较低的需求得到满足后，人们就会开始追求更高层次的需求。同样，顾客的购买需求也可以按照这一“金字塔”来划分。

（1）生理需求

生理需求是个人生存的基本需求，包括为支持生命所需要的衣、食、住、行等各方面的需要。一般来说，人只有先满足了这些最基本的生理需要后，才会产生对其他更高层次的需要。

（2）安全需求

安全需求是指在对生理需求相对满足的基础上所产生的需求，包括人们对心理上与物质上的安全保障的需求，如人身的安全，不受盗窃和威胁，预防危险事故，经济的稳定，职业有保障，有社会保险、退休基金等。

（3）社会需求

社会需求是一种较高层次的需求，一般包括对归属感和爱的需求两方面。社会是一个大家庭，个人作为这个大家庭中的一员，在生活的过程中需要友谊以及归属感，在人际交往的过程中希望得到对方的认同，也即人们希望自己归属于某个团体，从而作为团体的一员，得到他人的赞许、帮助、同情、理解或交往的机会等。

（4）尊重需求

尊重需求是人们在上述三种需求得到基本满足之后出现的更高层次

的需求，包括自己本身内在的自尊心，如自豪感、自信心，有一定的社会地位和权利，具有一定的影响力和号召力等；要求受到别人的尊重，如受人尊敬和赞美等，这种需求可以让人获得某种心理上的满足和安慰。

（5）自我实现的需求

自我实现的需求是人类最高层次的需要，指人们通过自己的努力，实现自己对生活的期望，从而对生活和工作真正感到很有意义，包括使命感、成就感等。为了满足这一层次的需求，人们会力求充分发挥潜能，以实现自己的志向和抱负。人们为使自己能够更好地施展才华而进行的各种消费活动，如购买学习教材，购置合适的职业装等都是实现自我需求的表现。

导购如果能将上述需求层次理论掌握并在销售活动中加以运用，对抓住顾客的消费心理和了解顾客的消费类型，有针对性地开展促销活动，提高自己的工作效率会有很大的帮助。

2. 顾客的购买动机

购买动机是引导顾客购买、指向一定目标、以满足需要的购买意愿和冲动。这种购买意愿和冲动是一种十分复杂、捉摸不透的心理活动。根据其表现，可以将消费者的购买动机归纳为理智动机和感情动机两大类。

（1）理智动机

所谓理智动机，是指顾客在对某种商品有一定了解的前提下所做的理性抉择和购买行为。拥有理智动机的人，大多是一些具有丰富生活阅历、有一定文化修养、比较成熟的中年人，他们在生活的实践过程中养成了爱思考的习惯，久而久之，将这种习惯也转化到了对商品的购买中。人们在理智动机的驱使下，又可以产生以下几种消费心理。

①方便心理

人们在处理各种事情的时候，方便快捷是人们的自然需求。因此，一些使用、购买方便的商品便应运而生，也受到了广大顾客的青睐，像遥控电视、可以满足一站式购买需求的超级市场等，正是适合了顾客这一购买动机。

②保障心理

很多消费者将其即将所购买的商品的质量以及有无良好的售后服务作为是否购买此商品的第一准则。所以商家应尽可能地为消费者提供详尽的说明书，或者进行现场指导，及时提供免费维修，以解除顾客的后顾之忧。

③安全心理

随着时代的不断发展，消费者的自我保护意识和环境保护意识都越来越强，商品使用起来是否安全也逐渐成为消费者选购某一商品的动机之一。在这个提倡绿色环保的时代，“绿色商品”因为适合这一购买动机而具有十分广阔的前景。

④求实心理

商品的造型是否美观以及价格的划定都是提高顾客对商品关注度的几个要素，但促使顾客最终下决心购买的，却是商品的实用性以及其本身的技术性能。因此这类顾客往往对时尚商品的兴趣不会太大。

⑤求美心理

顾客在商品的选择上，并不是仅限于对商品价格、性能、质量等价值的关注上，有的顾客对于商品的包装、款式、颜色、造型等形体价值也很关注，他们对商品的审美要求比较高，强调商品的艺术美。所以他们在选购商品的时候，往往以商品是否符合自己的审美标准为出发点。因此导购在面对这样的顾客的时候，一定要从审美的角度出发对顾客进行商品推荐。

⑥求廉心理

很多顾客因为受支付能力的限制，在面对同品牌、同类型的商品，或在商品功能、外观、质量相似的情况下，消费者会尽量选择价格最低的那种商品。这类顾客的购买行为以追求商品的低价为特征，之所以许多的折扣券、代金券等能牵动千万人的心，就是因为求廉心理的推动。在向此类顾客进行商品推荐的时候，导购要考虑到他们的经济能力，尽量让他们有限的资金都能用到有效的消费上，切忌华而不实的消费。

（2）感情动机

所谓感情动机，是指由人的感情需要而引发的购买欲望和购买动机，包括情绪动机和情感动机两种。情绪动机大多是由于人们的好奇、好胜、快乐和感激引起的，因此这种动机带有某种冲动性和不稳定性。针对这种购买动机，导购在销售时要尽量营造出一种顾客可以接受的情绪背景。情感动机大多是由荣誉感、集体感、道德感、美感等人类高级情感引起的，这类购买动机具有较大的稳定性和深刻性的特点，从购买行为中可以反映出购买者的精神面貌。

人们在感情动机的驱使下，通常会产生以下几种消费心理。

①攀比心理

这种购买心理通常带有一种争强好胜的冲动情感在里面，以追求商品的时髦与新颖为特征，所以此类顾客在选购商品时，对商品的价格高低、实用性与耐久性等并不介意。这类消费者一般拥有良好的经济基础，他们往往是高级红木家具、新颖款式的牛皮沙发的主要购买者。从事这方面销售的导购要对时尚商品知识有所掌握，这样才能更好地为时尚顾客提供优质的服务。

②求名心理

拥有此种购买心理的顾客主要以显示自己的地位和威望为主要目的，注重商品的品牌性与特殊性，其购买行为多倾向于高档化、名贵化、复古化的商品。他们的购买力很强，但同时对品牌以及品牌的售后服务要求也很高，针对这类顾客，导购需注重了解关于名牌商品售后服务的相关知识。

③尊重心理

“顾客就是上帝”是所有商场都信奉的基本工作准则。面对一个真诚为顾客服务，尊重顾客购买行为的导购，即便是商品的价格、质量有不尽如人意之处，顾客也会因为感到盛情难却而购买，甚至会产生再光顾的冲动。

④从众心理

拥有这种心理的顾客群主要是以女性顾客为主。人需要有一种归属感，总有一种希望与他觉得自己应归属的圈子同步的倾向，在这种心理支配下的顾客，就会构成从众消费者群。

⑤猎奇心理

这是一种以追求商品超前和新颖为主要目的的心理动机，以追求商品的奇特为特征。这类顾客喜欢追求新的享受、乐趣和刺激，对款式奇特或者是拥有新功能的商品有着很大的兴趣。导购想要更好地宣传这类商品，就需要比顾客更熟悉这类商品的生产工艺和它的特别功能。

⑥癖好心理

一些顾客尤其是老年顾客，往往以自己的生活习惯和业余爱好来作为选购商品的依据。拥有这类购物心理的顾客，购物倾向比较集中，行为也较为理智，具有经常性和持续性的特点。

3. 顾客购物的心理阶段

作为一名出色的导购，除了要了解顾客的不同心理，还要了解顾客在整个购买行为中经历的心理阶段，并根据这些心理阶段来按步骤推进自己的销售行为。

虽然每个顾客的购物心理都不同，但是他们在购物之前，都要经过思想酝酿的八个阶段，而且这八个阶段在任何成交的买卖上大体都是相同的：注意→兴趣→联想→欲望→比较→决定→行动→满足。导购只要了解了这一规律，就可以轻松掌握顾客购物时的心理变化，完成交易。

（1）注意

它是指过往的潜在顾客对家具店的商品驻足观望，或者是走进家具店观看陈列的商品，这是购买心理过程的第一阶段。如果导购能引起顾客对商品的注意，就意味着销售已经成功了一半了。

举一个例子，李林注意到某家具店有一新款的双人床，这就是注意阶段。

（2）兴趣

对商品进行过观望的顾客，有的人离开，但也有人因为对商品感兴趣而止步。通常顾客对商品的兴趣来源于两个方面：商品本身（品牌、广告、促销海报等）和导购的服务（服务使顾客愉悦）。当他对商品产生兴趣时，他会触摸或翻看商品，同时也可能向导购咨询一些他所关心的问题。

在上面的案例中，李林通过导购的介绍，对双人床产生了购买的欲望，这就是兴趣阶段。

（3）联想

顾客对商品感兴趣时，会进一步联想该商品将带给自己的种种益处：能解决哪些问题，对自己会有什么帮助等。联想决定着顾客的购买需求以及对商品的满意度，因此这一步对顾客最终的购买决策有着很大的影响。

在这个案例中，李林觉得自己拥有这样一张双人床之后，躺在上面睡觉，会很舒服，就是联想阶段。

(4) 欲求

顾客若将其联想延伸，就会产生购买的欲望和冲动。当顾客开始询问某种商品并对商品进行仔细端详时，就表现出他对商品已经非常感兴趣并且有购买的欲望了。但是顾客还会产生疑虑：这对我来说是最好的吗？会不会还有比这更好的商品出现？

李林觉得价格比较高，虽然有买的冲动但是仍在犹豫，这就是欲求阶段。

(5) 比较

顾客在对商品有了一定的了解之后，会将该商品与曾经看到过或了解过的同类商品进行比较、分析，以便做进一步的选择。有些顾客这时也许会拿不定主意，这时导购就要适时向顾客提供一些有价值的建议，帮助顾客下定购买决心。处于比较阶段的顾客容易对供挑选的商品产生困惑，因为他们正在寻求良好的建议和指导。如果导购这时候无法顺利地加以引导，也许就会将这样一名准顾客流失掉。因此，比较阶段对导购而言，应对技巧相当重要。

卖场导购对李林解释："这是刚上市的新商品，增加了新功能，价格的确是高了点儿，但确实是物超所值哦……"帮助李林下定了购买决心。这就是导购在引导顾客进行比较的阶段。

(6) 决定

经过了各种比较和思想斗争之后，大部分顾客会对商品产生信任感并决定购买。影响信任感的因素有：商品或企业的品牌和信誉；家具店的信誉度；导购的服务和专业素质。

李林经过考虑决定购买一张双人床就是顾客的决定阶段。

（7）行动

即顾客下定决心购买商品，将钱交给导购：“就这个吧！”购买行动，是卖方期盼已久的重要时机。要想商品交易获得成功，关键一点就是要掌握交易时机，一旦时机消逝，畅销品也会变得滞销，即使喊出“跳楼大拍卖”也不管用。

李林付款即为行动阶段。

（8）满足

有人认为只要收了顾客的钱，交易行为就算完成了，实则并非如此。正确的做法是：导购必须将顾客所购物品包装好（当然很多家具商品个头太大，无法包装），并将找还的零钱送到顾客手里，使顾客在购物后有一种满足感。

李林购买双人床之后，享受到卖场送货上门并安装的服务，即为顾客的满足阶段。

第二节　顾客分类

德国哲学家莱布尼茨曾经说过：“世界上没有完全相同的两片叶子。”其实，何止是叶子，世界上任何事物都没有完全相同的。

导购应该准确了解顾客的性格，给顾客的消费类型分类。要知道，了解顾客的性格和了解自己的商品同样重要。对顾客的性格了解主要是通过沟通来实现的。

每个顾客都有各自不同的性格特点，我们要学会分析顾客的性格，采取顾客所喜爱的方式与之沟通，这样，才能更好地为顾客服务。

1. 沉默寡言型

这类顾客在与导购的沟通过程中，一般不会说很多话，但他们会仔细地倾听导购对商品的介绍，就算是提出问题，一般都是想要更多地了解商品资讯。这类顾客比较沉默，并不是因为他们对于商品兴趣不大，而是因为他们心里带着许多疑问。

应对策略：首先要说明商品的诸多优点，要多激发他们购买的欲望，尽量减少他们对你的不断发问，可以反其道而行之，去问他们一些问题，将他们带入销售的氛围中。

2. 犹豫不决型

这类顾客一般没有什么主见，情绪也不稳定，忽冷忽热。

应对策略：对这种类型的顾客，导购最好果断地为他们做出判断。导购可以用一些具有强烈暗示性的话语来提醒他们，以此来激发他们的购买积极性。

3. 小心翼翼型

这类顾客在交谈时，会非常认真仔细，对导购说的话都用心听，用心想，稍微有一点不明白他们都会提出来生怕上当受骗。但是正是因为他们的心比较细，签单的概率反而比较大。

应对策略：跟着顾客的思维节奏走，尽量将你要表达的东西讲清楚，讲透彻，多举一些例子来增加顾客的信心，强调商品的附加值及可靠性。

4. 脾气暴躁型

这类顾客的忍耐性特差，一旦感觉有一点不满意，就会立即表现出来，在交谈中随时都有可能发脾气。

应对策略：导购只需要用平常心来对待，不能因对方的盛气凌人而屈服，绝对不能拍马屁，采用不卑不亢的言语去感动他。

5. 无所不知型

这类顾客缺乏谦卑，总觉得自己就是最好的，喜欢用高傲的姿态对待导购，认为他自己什么都知道。

应对策略：导购应该对顾客说的话表示肯定和赞成，应该告诉顾客这种商品的优势，与顾客的密切联系在哪里，不要直接批评顾客。

6. 世故老练型

这种类型的顾客说话办事一般都很世故圆滑，他们会显得非常老练，对导购的介绍一般无动于衷，让很多导购束手无策。

应对策略：这种类型的顾客虽然话很少，但是心里很清楚，比谁都明白。导购要仔细观察他们的一举一动，用最佳的分析讲解来引导顾客购买商品。

7. 好争论辩解型

这种类型的顾客喜欢与导购唱反调，喜欢搬出理论讲大道理以此来显示他的能力。有时明知自己是错误的也要和你争辩，即使辩不过去嘴上还是不服输。

应对策略：先承认对方的一切说法，不要顶撞，你的态度一定要诚恳，让对方觉得你乐于听他的辩解，以博取对方的好感。当对方觉得在你面前有优越感时，又对你的商品有一些了解，他就会愿意购买。导购在与之交流时要少说多听，要说就切中要害，一针见血，以刺激对方的需求性。

8. 虚荣心强

这种类型的顾客一般都是死要面子的，既自大又自负。他们为了满足自己的虚荣心，喜欢撒谎欺骗，喜欢得到别人的赏识与赞扬。

应对策略：多讲解商品最适合他这种高层次的人使用，多给他成就感和肯定，这类人都喜欢别人的奉承，切不可揭他的老底。只要顺着他的心理，对他多一份认同，他就会对你产生信任。还要多讲解选择商品后带来的感受和优越感，这样你的商品才有可能让这群人接受。

9. 贪小便宜型

这种顾客总是希望商品不花钱就能买到，当导购在对他们做商品介绍的时候，他一般不会给导购面子。然而，当他们一旦发现有便宜可占的时候，态度立即就会改变。

应对策略：如果导购发现顾客有这种性格的时候，不妨想出一些优惠的方法或者具有大的吸引力的举措，让顾客觉得有便宜可占，购买就不成问题了。

10. 喜欢说话型

这种类型的顾客天生话就很多，就算是一些鸡毛蒜皮的小事，他们都会放大来说，也不管别人是否愿意听，只管他自己嘴上痛快了就行。

应对策略：对这种类型的顾客，不妨就让他们尽管说，等到他们说到高兴为止，导购只管做一个听众就行。但是，一个优秀的导购不仅要学会顺从和迁就，还要在听的过程中把握好时机插入对商品的介绍，适时促成销售。

第三节　沟通技巧

1. 换位思考，得到顾客的认同

能够最大限度地争取到顾客对导购的认同，是销售工作获得成功的一个至关重要的环节。得到了顾客的认同，也就表明顾客对我们的商品表示满意。商品能够满足顾客的需求，交易成功也就是顺理成章的事情了。

导购需要站在顾客的角度上去思考，及时地抓住顾客对商品的兴趣，并且能够准确地将商品的优点、特点、性能等关键点介绍给顾客，从而得到顾客的认同。

在销售商品时，如何介绍商品才能得到顾客的认同，才能引起顾客对商品的加倍重视呢？

（1）尽量同意顾客的观点

顾客就是上帝，他们在购买商品的过程中会提出很多异议，这些异议正是顾客担心的问题或者是顾客的真正需求。面对这些异议，我们的导购千万不能马上反驳，或者试图说服顾客让顾客信服。最好的办法就是先同意顾客的观点，再一步一步找出解决问题的方法。

（2）找到与顾客共同的兴趣和爱好点

与顾客谈论共同的兴趣和爱好，能够让顾客对导购产生亲切感和信任感。比如大家有共同的业余爱好，如足球、下棋等，引发顾客对导购的认同。俗话说“酒逢知己千杯少，话不投机半句多”，顾客对情趣相投的人是相当认同的。

（3）赞美顾客

每个人都希望得到他人的赞美，以满足自己的心理需求。这种赞美应该是真心的。如果不是真诚的赞美，很可能会引起顾客的反感，这样做可能适得其反。真诚地赞美顾客，顾客高兴的同时对你也产生了好感，更为顾客认同你的商品做了一个良好的铺垫。

（4）与顾客拉家常

与顾客拉家常，在闲聊中就能够让顾客埋单，这听起来似乎有点匪夷所思。但是，这确实是很多优秀的导购成功销售的法宝之一。他们在与顾客套近乎的过程中，会让顾客觉得这个导购很实在，是可以值得信赖的，从而觉得导购所销售的商品也不错，于是就成交了。

（5）找到顾客认同的意见领袖

要知道，顾客一般愿意相信一个德高望重的领袖的意见，他们对意见领袖的选择是非常认同的，并愿意通过与意见领袖相同的选择来体现这种认同。因此，导购就要抓住顾客的这种消费心理，先从意见领袖出发。一旦得到了意见领袖的认同，也就得到了大量的顾客的认同。这些意见领袖的带动作用是非常巨大的。

2. 善于倾听，深入挖掘顾客需求

一个人不仅要学会怎样积极地表达自己，还应该学会做一个良好的倾听者。导购不仅要能言善道，还要善于倾听顾客的心声，及时发现顾客的需求与态度。学会做一个倾听者，学会采用和接纳他人的意见，鼓励顾客多谈论自己，导购再将顾客的意见综合起来认真分析，以找出正确的解决问题的方法。

一个有经验的导购都会很认真地倾听顾客的谈话。当然，这不是浪费时间，这是一种很有价值的倾听方法。花点时间倾听顾客的谈话，你可以在了解顾客的需求和意见之后，来为顾客提供商品，改进服务。这样，不仅使得销售的工作效率大大地提高了，还会给顾客留下良好的印象。

在与顾客的交谈过程中，导购要学会做一个倾听者。倾听顾客的意见，可以避免销售过程中出现的很多不必要的误会。一般来说，如果顾客误会了你的意思，你就能从顾客的谈话中了解到。假如是你误解了顾客的意思，你也能从他的谈话中发现误会。遇到这种情况，导购可以立即想办法消除顾客的误会，向顾客做出解释。

当导购在倾听顾客谈话的时候，要与顾客的眼光保持接触，要以你的姿势和手势来证明你是在倾听，以免顾客误会你不说话是在冷淡他。要注意的是，不管你是坐着与人交谈还是站着与人说话，都应该与对方保持适当的距离。

看着顾客的眼睛并以轻轻地点头来表示同意顾客的观点，或者用“好、嗯、对”等同意的词语来告诉对方，表示你在认真倾听。一般在这样的交谈氛围中很容易让对方相信你，对方会觉得你是一个非常友好的人，愿意与你说话，愿意将心声袒露给你。这样，你与顾客的沟通机会就会多很多，销售的成功率也会高很多。

倾听他人的心声，一方面是一种礼貌，表示对说话者的尊重，显示自己的谦逊；另一方面，也是一种根据说话者的需求来解决问题的好方法。倾听顾客的心声要认真，要用心。如果不认真，就有可能把事情搞砸。只有真正理解了顾客的需求和愿望，以及了解顾客所厌恶的东西，导购才能在接下来的销售过程中正确地处理事情，明白哪些该做该说，哪些不该做不该说，这样才能让顾客满意，使销售顺利进行。

第四节 处理异议突破抗拒

1. 化解顾客异议

什么是顾客的异议呢？这里的异议就是指顾客对于商品、价格、促销、服务等，由于不明白而产生的不同意见或者反对的意见。一般来说，顾客在表示异议的时候会打断导购的话，或是就某问题而争论等。这种异议在导购销售的过程是难以避免的。因此，导购必须要接受这样的异议，而且更要欢迎。要知道，异议并不一定是坏事，有了它，我们才能够知道问题出现在哪里，接下来应该怎么做，才能够判断下一步行动的方向。

由于顾客的异议是多种多样的，处理的方法也各不相同，必须针对具体的事情采取具体的处理方法。常见的处理顾客异议的方法有以下几种。

（1）先做让步，再做进攻

这种方法是首先承认顾客的看法有一定道理，向顾客做出一定的让步，然后再说出自己的看法。若要用好这种方法，应该尽量少使用“但是”一词，而是将说话的意思包含出“但是”的意见，这样效果会更好。

比如，顾客提出导购给它推销的家具颜色过时了，导购不妨这样回答：“小姐，您的记忆力的确很好，这种颜色几年前已经流行过了。我想您是知道的，家具的潮流是轮回的，如今又有了这种颜色回潮的迹象。”这样就轻松地反驳了顾客的意见。

（2）利用自己的商品优势来抵消顾客提出的缺点

如果顾客的反对意见正好切中了商品的缺点，或者是公司所提供的服务中的缺陷，导购千万不可以回避或直接否定。正确的方法是肯定顾客的意见，然后淡化处理，利用商品的优点来补偿或是抵消这些缺点所带来的影响。这样有利于使顾客的心理达到一定程度的平衡，有利于使顾客做出购买决策。

比如，当推销的商品质量确实有些问题，而顾客也恰恰提出：“这东西质量不好。”导购可以从容地告诉他：“这种商品的质量的确有问题，所以我们才削价处理。不但价格优惠很多，而且公司还确保这种商品的质量不会影响您的使用效果。”这样一来，既打消了顾客的疑虑，又以价格优势激励顾客购买。这种方法侧重于心理上对顾客的补偿，以便使顾客获得心理平衡感。

（3）对顾客的异议，先提出委婉的处理方法

在导购还没有考虑好如何答复顾客的反对意见时，不妨先用委婉的语气，把对方的反对意见重复一遍，或用自己的话复述一遍，这样，可以削弱顾客的看法，以求得顾客的认可。

比如，顾客抱怨：“价格比去年高多了，怎么涨幅这么高。”导购可以这样说：“是啊！价格比起前一年确实高了一些。”然后再等顾客

的下文。

（4）将顾客的几种意见汇总成一个意见来解决

这样做可以削弱顾客的反对意见。导购不要和顾客在一个反对意见上纠缠不清，因为人们的思维有连带性，往往会由一个意见派生出许多反对意见。所以，解决的办法就是在回答了顾客的反对意见后马上把话题转移开。

比如，顾客在与导购交流过程中同时挑剔商品的款式、颜色、功能，但其实顾客并不是真有这么多的意见，之所以不断地挑剔就是因为他想以更低的价格购买该商品。

（5）反驳法

反驳法是指导购根据事实直接否定顾客异议的处理方法。一般来说，这种方法应该尽量避免，因为直接反驳对方容易造成气氛僵化，使顾客产生敌对心理，不利于顾客接纳导购的意见。

但是，如果顾客的反对意见是产生于对商品的误解并且你有条件有能力解决异议，那么你不妨用委婉语气跟顾客解释清楚。

（6）冷处理法

有的时候，对于顾客一些不影响成交的反对意见，导购人员最好不要反驳。国外有些推销专家认为，在实际推销过程中 80% 的反对意见都应该冷处理。要记住，千万不能顾客一有反对意见，导购就采用反驳的方式处理，那样就会引起顾客的反感，不利于销售的进行。

但要注意，冷处理并不是不理睬顾客的反对意见，而是适当地冷却处理，避免引起争端和让顾客产生反感，把握尺度很重要。

2. 接待、应答技巧

导购在面对顾客的抱怨时，需要良好的接待、应答技巧，以提高服务质量。正确的做法就是先处理顾客的情感，再处理顾客的投诉。而整个投诉处理的过程可以分为以下四个过程。

（1）H（Hear，倾听）：有效倾听，接受批评

在接待和处理顾客投诉时，导购首先要做的就是耐心倾听，让顾客把他心里要说的话说完。随意打断或者插话，可能会遭到顾客的反感。让顾客充分地倾诉他的不满，并以肯定的态度诚恳地听他们说完，至少可以让顾客在精神上得到一丝安慰。如果我们一味地打断或者辩解，只会使当事者在心理上产生反抗情绪。

（2）A（Apologize，道歉）：巧妙道歉，平息不满

顾客既然有所投诉，必然有所不满。无论是什么原因，导购都应该给顾客道歉，如果导购能够巧妙道歉，那么投诉事件就能得到有效的平息。相反，如果处理不好很可能会将事件扩大，从而给公司带来负面影响。

（3）K（Know，了解）：调查分析，提出方案

处理顾客的投诉不能仅仅局限在倾听和道歉上面，而是应该切切实实地对顾客所提供的情况进行调查分析，提出正确的解决方案。这就要求导购能够听出顾客投诉的话外之音，了解顾客投诉的真正动机。

（4）S（Solve，解决）：执行方案，再次道歉

在处理顾客投诉时，导购一旦了解了顾客所投诉的真正原因，就应尽快着手处理，不仅要提出可执行的方案，而且还要对顾客进行再次道歉，特别是当顾客离去的时候，一定要再次表示歉意。顾客之所以会投诉是因为他们对商品不满，导购应该从“保证顾客满意”这一服务理念出发，认真谨慎地对待每一次顾客投诉。

导购在与顾客沟通中要守信，说到一定要办到，这样才会赢得顾客的信任。导购应始终记得：提供给顾客的永远超过承诺给顾客的，千万不要做过分、过多的承诺，管理好顾客的期望值！有些导购，只要顾客提出要求，认为差不多能做到就立即答应，结果会如何呢？结果是造成顾客的投诉和抱怨，甚至永远失去这个顾客，所以欲速则不达。

导购不仅要履行自己对顾客的诺言，还要诚实正直。要知道没有人

愿意与虚伪的人长期合作。现在的信息很发达，顾客可以通过多种渠道对商品和企业进行了解和考察。

对竞争对手的评价，最能折射出导购的素质和职业操守。遇到顾客询问竞争对手时，导购最好保持客观公正的态度进行评价，不隐藏其优势，也不夸大其缺点，让顾客从你的评价中感受到你的素质和修养。记住："贬低别人并不能抬高自己。"

诚实、正直、信守承诺、实事求是、客观公正，这些宝贵的品质都会帮你在顾客那里获得加分。当然有了这些还是远远不够的，还要充分地利用多种交流方式让顾客和自己紧紧地黏合在一起。

第五节　建议购买的时机与技巧

1. 直接请求成交法

所谓直接请求成交法，又称请求成交法或直接成交法，是指导购在适当的时候直接要求顾客购买商品的一种方法。比如说顾客在显露出明显的成交信号、有明确的购买意向之后，导购都可以使用这种方法。但是，为了求得最佳效果，在下列情况下可优先考虑使用这种方法。

（1）面对老顾客

如果是面对老顾客，那么事情就变得比较好办一点，如果顾客看中了某件商品，则可以使用直接请求的成交方法，在这种情况下，导购可一边打招呼一边提出成交建议，比如说："您来啦，最近买卖做得不错吧？这次打算进多少货？"

（2）顾客对商品产生好感

顾客一旦对商品产生了一些好感，这就表明成功的希望已经有了五成。不过如果顾客还处在一种犹豫不决的阶段，导购不妨直接请求成交或许能帮助顾客下定决心，最终促成交易的完成。

（3）促使顾客集中思考购买问题

遇到需要促使顾客集中思考购买问题时，也可以用直接请求成交法。如导购在回答完顾客的疑问之后，可以直接提出：“现在没有问题了吧，那么就买下这件?”很明显，这种直接请求并不意味着催促顾客马上成交，而仅仅是将顾客的思路引导到成交上面来。

（4）顾客提不出新的异议

顾客在提不出新的异议的情况下，说明在心里他们已经愿意购买商品了，只是很多时候又不便主动开口。这个时候导购就可以利用直接请求法，以节约时间，结束销售过程。

总之，直接请求成交法是导购最常使用、也是最基本的成交方法之一，不仅应用十分广泛，而且灵活机动。总的来说有以下几个优点。

第一，可以有效地促成交易。交易其实就是一种你追我赶的游戏，导购追得紧一点，顾客就赶得紧一点，而顾客赶得紧一些，成交的效率也就快一些。因此，如果导购能适时地使用直接请求的成交方法可以尽最大可能地帮助顾客拿定主意，完成交易。

第二，可以充分利用各种成交机会。在商品营销过程中，顾客会通过各种方式表达自己的购买意向，导购一旦发现这种信号，就应主动提出成交的要求，及时促成交易，以免错过机会。

第三，提高工作效率。直接请求成交法可以节约推销时间，提高推销工作的效率，这一点是毫无疑问的。

但是，尽管直接请求成交法有以上 3 种比较明显的优势，但是也存在着以下几个比较明显的局限性。

首先，破坏销售气氛。此种方法可能会给顾客带来比较大的销售压力，而这种压力一旦升级，则很有可能破坏销售的气氛。对顾客来说，导购的请求就是一种无形的压力，如果导购请求得着急了，对于顾客来说，这种压力是非常巨大的，弄不好还会造成误解，给销售平添一些阻碍。所以对于导购来说，可以请求，但不能过分，应该适可而止。

其次，可能使导购失去控制权。直接请求怎么会使导购失去控制权呢？事情是这样的，有一些顾客在导购主动要求成交的情况下，会认为导购有求于自己，从而获得心理上的优势和成交的主动权，而导购就陷入了一种被动之中，进而增加成交的困难，降低成交效率。

最后，可能引起顾客的反感。如果导购滥用或者过分使用直接请求成交法，可能会因为对顾客催促过急而引起顾客的反感，产生成交障碍，不利于达成交易。

2. 提示成交法

所谓提示成交法是指导购通过对商品的优点及购买商品后的利益进行概括汇总，提示顾客进行交易的一种方法。即直接向顾客提出若干购买的方案，并要求顾客选择的一种销售方法。

在使用这种方法之前，导购必须做好一系列相关的准备工作：首先熟练掌握商品的各种信息，以便在给顾客介绍的时候能尽可能的全面和详细，并且能够针对顾客的情况给顾客推荐商品。其次仔细收集顾客对销售要点的反应，对顾客进行分类，并且区分出每一类顾客所感兴趣的要点和利益，这样就能有针对性地进行销售。最后将优点和利益进行汇总概括，并且通过概括来对顾客进行针对性销售。

当然，和其他成交法一样，提示成交法同样有需要注意的地方：比如说内容不宜太多太杂，否则会使顾客产生厌烦心理；不要加入新的补充内容，否则将出现新的异议，增加没有必要的误会，而且会拖延成交时间。

3. 假定成交法

所谓假定成交法是指导购假定顾客已经做出购买决策，而只需对某一具体问题做出答复，从而促使顾客成交的方法。这种方法和其他方法的不同之处在于不谈及顾客是否购买这一话题，以此来减轻顾客购买决策的心理压力，以“暗度陈仓”的方式，自然过渡到最后实质的成交问题。

采取假定成交法，可以将成交话题直接带入实质性阶段，节省成交时间。由于直接将推销提示转化为购买提示，可以适当减轻顾客的购买压力，可以把顾客的成交信号转化为成交行为，促成交易。使用假定成交法时，应尽量使谈话在融洽的环境下进行，注意语言技巧，避免使用直接关系购买的语言和假设性语言。

假定成交法如果使用不当未能准确捕捉住成交信号，可能会引起顾客的反感，有时还会对顾客造成一定的心理压力，破坏交易气氛。另外，也不利于对顾客异议的进一步处理。

4. 从众成交法

所谓从众成交法是指导购利用顾客的从众心理来促成交易的一种方法。比如顾客在遇到品牌繁多，不知如何是好的情况下，如果导购所销售的商品正好是大多数人乐于购买的，那么导购就可以使用这种方法来促成交易。从众成交法就是利用了顾客的从众心理通过其他顾客购买的影响力，给顾客施加无形的社会心理压力，进而促进交易。

使用从众成交法时宣传的信息、数据必须真实可信，采用的方式必须以事实为依据，不能凭空捏造，欺骗顾客。否则，受从众效应的影响，不但不能促成成交，反而会影响卖场信誉，破坏整个卖场的推销工作。

5. 小点成交法

所谓小点成交法是指导购在利用成交的小点来间接地促成交易的方法。所以此法又叫次要问题成交法，或者叫做避重就轻成交法。这种成交法是以小攻大的，即逐渐由小到大，由小攻大，由小求大，先小点成交，再大点成交，最终促成顾客做出购买的决定。

这种成交法的优点是可以减轻顾客成交的心理压力，有利于导购主动地尝试成交。除此之外，还能为导购保留一定的成交余地，有利于导购合理地利用各种成交信号有效地促成交易。当然，如果运用不当，容易分散顾客的注意力，不利于突出商品的主要优点，顾客会因次要问题纠缠不清，导致交易失败。

小点成交法的适用情况一般有 5 种。第一种情况：顾客不愿直接涉及决策的重大问题，而只对成交的某些具体问题产生兴趣。第二种情况：顾客对于商品的购买意向只在于某一小点，或款式，或颜色，或交货时间，或付款方式等。第三种情况：导购未发现任何成交信号，需做出能够避免冷遇或反感的成交尝试。第四种情况：成交气氛比较紧张，顾客的成交心理压力太大，交易无法直接促成。第五种情况：顾客对某些特殊商品的购买决定只凭借某一特定的小点问题。

通过对上面的适用情况的阐述，我们可以看出小点成交法有许多优点。

第一，有利于创造良好的成交气氛，减轻顾客的成交心理压力。导购避免了直接提示重大的成交决策的问题。这种方法直接假定成交，直接提示成交内容、成交条件，直接提示顾客不太敏感的决策问题，这样就可以把顾客的成交注意力集中到成交小点的问题上来，减轻顾客的成交心理压力，有利于创造良好的成交气氛。

第二，有利于为导购主动尝试成交保留一定的成交余地。小点成交法是要求导购直接促成小点成交，间接促成大点成交。在使用小点成交法时，导购可以利用各种成交小点来尝试成交。即使顾客拒绝某一特定的成交小点，导购也可以继续提示其他的成交小点，从而促成大点成交，以达成最后的交易。

第三，有利于导购合理利用各种成交信号有效地促成交易。在使用小点成交法时，成交小点也可以转化为成交信号。导购可以看成准成交信号，提示小点成交，促成小点成交，再把小点成交转化为大点成交的成交信号，假定大点成交，达成最后的交易。

第四，小点成交有着十分广泛的用途。它的基本原理可以运用到整个销售过程的每一个阶段。在实际的推销过程中，导购应该根据一定的推销对象和推销情况灵活运用。只有运用得当，小点成交法才能有助于导购在推销过程中提高成交率。

当然，小点成交法也不可避免地具有局限性。

首先，可能分散顾客的成交注意力，造成不利的成交气氛。顾客的成交注意力是否集中于成交活动本身直接关系到成交的成功与失败。成交注意力既是成交的保证，又是成交的障碍。这是因为它既可以对顾客产生一定的成交压力形成良好的成交气氛，又能对顾客产生一定的成交心理障碍造成不良的心理影响。在使用小点成交法时，导购就是要避免直接提示顾客比较敏感的重大决策问题，以减轻顾客成交的心理压力，把顾客的注意力集中到小点上来。但是，如果导购滥用小点成交法，错误提示成交小点，就会过分分散顾客的成交注意力，给成交气氛带来不良影响。

其次，可能引起顾客成交误会，产生成交纠纷。运用小点成交法的目的是直接促成小点成交，间接促成假定大点成交。从推销学的理论上来说，成交小点与成交大点既有联系又有区别。导购必须要让顾客能够明白这其中的区别与联系。

6. 让利成交法

所谓让利成交法是指导购通过为顾客提供某种优惠条件，比如说在价格、服务方面给顾客提供更多的优惠条件来促成交易的方法。此方法利用了顾客喜欢贪小便宜的心理，实行让利销售，促成交易。

7. 选择成交法

所谓选择成交法是指导购为顾客设计出一个有效成交的选择范围，

使顾客只在有效范围内进行成交方案选择的一种成交技术。此法也叫有效选择成交法。

如果遇到有些顾客犹豫不决或者对两种以上商品无法定夺的时候，导购就可以使用这种方法来帮助顾客下定决心，最终促成交易。实际上这种方法是假定成交法的一种变形，是假定顾客已经同意购买，提供的选择只是关于买哪一个、买多少、怎么买的问题。而无论顾客做出什么样的选择，都是要实施交易，从而有效避开了买与不买这一实质问题。

选择成交法的优点有以下几点。

第一，减轻顾客的心理压力，创造良好的销售气氛。因为选择成交法似乎将成交的主动权交给了顾客，但实际上，顾客掌握的只是选择权。顾客可以主动参与成交活动，而不是被动接受，这对于减轻顾客心理压力，形成融洽的成交气氛是有利的。

第二，选择成交法可以有效促成交易。运用这种方法时，导购是向顾客提供了几种选择，间接促成交易。由于避开了买不买这一实质问题，直接提供选择方案，就使顾客无法直接拒绝成交，从而有利于交易达成。

第三，选择成交法可以使导购掌握成交的主动权。因为顾客被限定在导购所提供的几种方案中进行选择，无论选择哪一种，都能达到推销的目的。即使选择成交失败，也仅仅是对所提供的选择方案不满意，而不会完全否定成交，这就留出了一定的回旋余地，可以进一步开展促成交易实现的成交活动。

选择成交法对于最终实现成交有很大的作用，因为卖场上的商品种类繁多、款式多样，即使是一种商品，购买方式也可有多种多样的选择，这会让顾客无所适从，而无法做出购买决策。导购精通自己推销的商品的性能、特点，如果能够细心观察和分析顾客的实际需要，为顾客提供一个与其需要相符的选择范围，就会大大有利于成交的顺利实现。但是也要注意，对顾客不要提供太多的选择，也就是说选择的范围不要太大，否则会使顾客拿不定主意，影响成交的顺利实现。

8. 激将成交法

所谓激将成交法是指导购运用恰当的语言技巧刺激顾客，利用顾客的逆反心理来促成交易的一种方法。毕竟每个人都爱面子，如果导购能很好地选择对象，在不伤顾客自尊心的前提下适当地进行刺激，说不定会达到很好的销售效果。

9. 机会成交法

所谓机会成交法是指导购直接向顾客提示最后机会，促其立即购买的一种成交技巧。这其实就是利用“最后期限”“最后机会”等能够渲染后悔效果的方式来刺激顾客进行成交的一种方式。

“物以稀为贵”“机不可失，失不再来”。一般情况下顾客对稀有的东西，对即将失去的有利条件均会比较感兴趣。虽然每天都有许多这样的推销活动，但是因为宣传强度不够，并未引起顾客的注意，而一旦他们亲身遇到了这种活动，他们便会认真考虑是否应该参与购买。

第六章

满意经营锁住长久顾客

顾客是家具店利润的源泉，是家具店的生命线，是家具店的根本资源。这是家具店发自内心地对顾客的诠释。家具店要保有顾客，发展顾客就要站在顾客的立场进行思考，充分理解顾客的需求并影响顾客的行为，从而不断提高顾客的满意度和忠诚度，最终实现家具店的赢利。

第一节 满意经营的内涵

营销大师科特勒教授曾经说："除了满足顾客以外，企业还要取悦他们。"今天的家具店面临着更加激烈的竞争，如何赢得顾客战胜竞争者，答案就是在满足顾客需要、使顾客满意方面做好工作。

只有以市场和顾客需要为中心的家具店才能获得成功，这需要他们向目标顾客提供优质的价值。这些家具店需要建设提供顾客服务的队伍，并非仅仅是提供丰富的商品和改善购物环境。顾客能够根据自己所掌握的信息判断哪些商品能提供最高价值。在一定的搜寻成本、有限的知识、灵活性和收入等因素的限制下，顾客是价值最大化的追求者。他们形成一种价值期望并根据它行动，他们会根据自己的知识、感觉、经验来判断商品是否符合他们的期望价值，这将影响他们的满意度和再购买的可能性。

顾客满意是指顾客通过对一种商品的可感知的效果（或结果）与期望值相比较后，所形成的愉悦或失望的感觉状态。这个定义表明满意水平是可感知效果和期望值之间的差异函数。如果效果低于期望，顾客就会不满意；如果效果和期望相匹配，顾客就会满意；如果效果超过期望，顾客就会高度满意或欣喜。高度满意和愉悦创造了一种对家具店服务品牌情绪上的共鸣，而不仅仅是一种理性偏好，正是这种共鸣促成了顾客的高度忠诚。

高度满意的顾客价值是满意顾客价值的 10 倍。一个高度满意的顾客比一个满意的顾客留在家具店的时间更长和购买的商品更多。决定顾客忠诚的往往是一些日常小事，所以家具店必须做大量耐心而细致的工作，从小事做起，从身边做起，来赢得顾客的满意与忠诚。

1. 满意经营的意义

现在的顾客越来越挑剔了，越来越难被取悦，他们更加聪明且具有更多的价格意识和需求，更追求购物的心理感受，而且家具店竞争者也在提供类似甚至相同的商品，家具店面临的最大挑战就是培养忠诚的顾客。维系顾客的关键是实施顾客满意经营。

顾客管理有助于顾客更持久地忠于家具店，购买公司更多的商品和提高购买商品的额度。有些顾客甚至会义务为家具店和商品说好话，有时候则会忽视竞争品牌和广告并对价格不敏感，积极热心地为家具店的商品、服务、经营管理、营销提供建议。

因此，一个家具店的精明之举是经常测试顾客的满意度。例如可以向最近的顾客询问他们的满意度是多少。测试要求分为：高度满意、一般满意、无意见、有些不满意、极不满意。家具店可能流失 80% 极不满意的顾客，40% 有些不满意的顾客，20% 无意见的顾客和 10% 一般满意的顾客。但是，家具店只会流失 1% ~2% 高度满意的顾客，所以，应努力超越顾客期望，而非仅仅满足顾客。

2. 满足顾客的需求

我们应该尊重顾客的选择，了解他的需求，真正以顾客为中心，为顾客提供满意的服务。

（1）顾客需求的种类

价值需求——反映了顾客对家具店服务系统和商品高层次的目标要求。

充盈需求——描述了家具店对顾客提供的商品必须足够充盈。不单单能满足顾客指定的商品供应，还能提供出对应的商品来让顾客进行选择和比较。

功能需求——顾客不希望家具店向他们推销他们实际用不上的商品。所以对顾客不是推销得越多越好，而是越能推销满足顾客功能需求的商品越好。

后期服务需求——顾客在购买商品之后并不意味着对其服务的结束。他们往往会要求家具店送货上门，对于大型家电类商品他们还会要求安装调试，这些就是后期服务需求。

（2）满足顾客需求的方法

第一，导购要使用符合顾客语言习惯的表达。需求讨论集中于顾客的需求，因此要使用术语。让顾客感觉自己受到的是专业化服务。

第二，导购要了解顾客的消费目的。家具店导购只有更好地了解顾客的购物目的，才能知道推销的商品是否更好地满足了顾客的需要。

第三，导购要尊重顾客的意见。顾客有权要求家具店导购尊重他们并珍惜他们为这次购买行为所付出的时间和精力。

第四，家具店导购要对顾客的需求提出建议和解决方案。通常顾客所说的需求已经是一种实际可行的实施方案，导购应尽力从这些需求中了解真正的需求，并对顾客提出相应的建议和解决方案。

第五，有经验且有创造力的导购还能提出一些顾客没有发现的商品价值。

第六，由于顾客对于商品往往有特殊需求，所以导购要具备向顾客描述商品使用特性的能力，以供顾客权衡利弊，做出合理的取舍。

3. 提升满意度的入手点

（1）家具店的形象

家具店的形象，即顾客对家具店整体的评价及家具店在相关主体中的口碑。如果家具店不能树立良好的形象，就谈不上顾客满意。

（2）家具店销售的商品

这包括商品的品牌、性能、品质及时尚性等很多方面。家具店的特色很大一部分体现在商品的特色中，而要使顾客满意，家具店经营的商品必须迎合顾客的要求。

（3）无形商品要素

无形商品要素，即服务，特别是随着市场竞争日趋激烈，商品的差异化已很难长久保持，所以很难形成家具店的核心竞争力，而服务特别容易差别化，并且在短期内不容易让竞争对手模仿。只有将优质的服务作为核心竞争力，加强与顾客的联系，提高他们的满意度和忠诚度，才能最终占有长久的竞争优势。

4. 提高顾客满意度的要点

（1）发挥导购的能力

家具店要取得发展固然要有硬件，要逐步改善物质条件，增加设施。不过关键还在于软件，主要是销售队伍的素质和管理水平。因为它可以在某种程度上弥补物质条件的不足，是增强家具店竞争力的主要因素。

（2）平等对待所有顾客

家具店必须平等对待所有的顾客。我国经商谚语“童叟无欺”也包含了这个意思，即不应该使顾客感到他受到了歧视和欺骗。例如，要是让小孩感到被歧视了，就会影响家长对家具店的看法，孩子们也会对家具店进行评论。特别要注意的是有的家具店对老顾客倍加照顾，频频招呼，而对第一次来的顾客却不理不睬，这是极端错误的。

（3）重视分别接待

对顾客分别接待是搞好服务的基本课题。分别接待就是有针对性地提供服务，尽可能地满足不同层次顾客的实际需求和心理需要，就是把每一个顾客都当做个人来接待。例如，家具店可以对老顾客实行联谊制，通过联谊活动、优惠活动加强与他们的联系，了解他们消费需求的变化。

（4）恰当使用营业语言

在提供服务中，一个很大的问题是营业语言容易与顾客使用的语言产生差距，这常常发生在提供者把自己的语言即营业惯用语强加给顾客。家具店导购应尽量使用销售的基本礼貌用语，同时，在与顾客交流中要吐字清晰，说话速度适中，便于顾客理解。

（5）建立标准化的服务团队

从事销售工作的人不是被动地承担所赋予的工作，而是通过自己的工作积极地发挥参与社会的作用。导购也是一种专业人员，有的国家或地区在服务业的一些工种中采用“许可证制度”，只有达到一定的条件才能从事某一服务工作。另外，国外的零售企业对其成员明确提出具体的服务标准和守则，以统一导购的服务观，并且要求导购持证上岗。

（6）服务质量

服务质量是个大概念，不光是指服务态度。例如，家具店服务质量的内容就相当广泛，包括：逛店方便程度、舒适程度、服务态度，工作、生活、购物、娱乐便利程度，而这体现在家具店的电信联络、营销水平、交通条件等方面。

第二节 满意经营的策略

顾客是家具店经营的生命线和利润源，顾客满意度是家具店重点关注的方面。顾客满意度是顾客的一种心理状态，它源于顾客对家具店的某种商品服务消费所产生的感受与自己的期望所进行的对比。据调查，顾客满意度每增加5%，利润相应增加25%～85%。如何通过营销的理论与方法，结合家具店的经营状况，探讨家具店获取顾客满意度的方法。拥有一批固定的忠诚顾客成为所有家具店经营者关注的热点问题。

1. 满意经营常见的问题

笔者通过对全国重点城市和主要流通卖场的调研和实地考察，发现我国家具店在提高顾客满意度方面存在以下问题。

（1）服务问题

顾客在家具店购物时，在希望买到自己需求商品的同时，更希望得到上乘的服务，但有些流通卖场和家具店在经营时不注意细节和服务态度。如：座椅少，无处休息；标识少，不便找商品；问价格，自己看；买商品，自己找；大件商品，自己搬；此外，绿色通道和VIP（贵宾）服务场所少，老人和小孩的便利服务不足，购物等待时间长，尤其在活动期间排队交款等现象的存在都会影响顾客的满意度。

（2）商品摆放问题

合理的商品摆放是吸引顾客、方便顾客购物的重要因素，但家具店在摆放商品时存在系列商品摆放不集中，商品摆放不整齐、不美观、不注重颜色搭配等问题，这在无形中都会影响顾客的购物热情。

（3）收银问题

收银台工作效率的高低直接影响顾客满意度。交款的排队等待、收款员态度不好、收银扫描设备出现问题等都会影响顾客的购物情绪，降低顾客对家具店服务的满意度。收银工作效率低下已成为家具店服务的“短板”。

另外，家具店的购物环境差、商品种类不全、顾客意见处理不及时等问题的存在在一定程度上也会导致顾客满意度的降低。

2. 满意经营的策略

根据顾客的状况，结合家具店自身特点，合理利用过程营销、商品营销、环境营销、失误营销、尊重营销、网络营销等不同的营销策略来提高家具店顾客满意度，培养家具店忠实顾客群体。

(1) 过程营销策略

将服务贯穿于顾客购物的售前、售中和售后的全过程，具体的做法包括：

售前开展一系列刺激顾客购买欲望的服务工作。比如：制作并派发DM，提供现场和电话咨询、订货、邮购服务；利用媒介进行宣传和造势刺激顾客需求等。

在售中为顾客提供主动、热情、耐心、周到的服务。比如：热情介绍、展示商品、说明使用方法、耐心帮助顾客挑选商品、提供购物车、解答顾客疑问等，把顾客的潜在需求变为现实需求，达到商品销售的目标。

在售后增加家具店出口指引，开展大件商品送货服务，积极听取顾客意见和建议，最大范围地获得顾客的满意，增加家具店的竞争力，从而给家具店带来更好的经济效益和社会效益。

(2) 商品营销策略

商品是家具店经营的基础和根本保证。家具店选购正规厂家生产的商品，做到货真价实，会在顾客心中形成良好的商品影响，进而提升家具店品牌以及形象，使顾客放心地认购家具店商品。

(3) 环境营销策略

顾客在家具店购物时，店面布置、专柜设计、商品摆放、灯光设置、气氛营造、色彩搭配都会影响到顾客购物的情绪，所以家具店的设计应方便顾客活动，营造舒适的购物环境，直接从视觉角度吸引顾客。另外，散发的诱人气味、适合的空气湿度、优美的背景音乐都会从不同感官影响顾客，从而在顾客心目中留下良好的印象，影响顾客购买态度和行为。

(4) 失误营销策略

失误营销是在营销过程中出现失误时及时进行恰当弥补，从而将服务失误带来的影响降到最低。这样，不仅缓解了顾客购物时的受挫感，而且恰当的处理还会使顾客形成良好的情感反应，有利于激发新一轮的购买动机。家具店导购与顾客交往难免出现失误，如对顾客咨询无反应、没礼貌等都会引起顾客不满。此时，家具店应通过妥善的弥补措施来转变顾客态度，把坏事变成好事，增进顾客情感。处理时不仅要注意向顾客赔礼道歉，更要注意动作快、态度好、语言得体、适当补偿。失误营销具体操作时可以建立意见箱、意见簿等收集顾客意见和建议，设专人专职对顾客抱怨产生积极回应，建立灵活的退换货机制，争取使顾客每次购物是满意的，体验是愉快的。这种长期积累下来形成的忠诚顾客是家具店非常重要的一笔无形资产。

(5) 尊重顾客策略

随着物质、精神条件的日益提高，顾客对服务态度的要求亦越来越高。尊重顾客不仅是家具店员工最基本的礼貌，更是对“顾客就是上帝”这一服务原则的重要体现。一方面导购要树立以顾客为中心的观念，在工作中做到仪表端庄、商品知识全面、善于和顾客沟通；另一方面家具店要制定顾客服务条例，导购不能以任何方式、理由侵犯顾客权利。总之，无论发生任何情况，工作人员都应牢记“顾客满意第一”的宗旨，尽己所能满足顾客需求。

（6）网络营销策略

网络营销是建立在传统营销基础上，基于计算机技术和互联网平台的一种新兴的营销模式。我国家具店的营运模式还是传统的渠道营销模式，随着网络经济的发展，家具店也应该建设自己的网络平台，开展网络营销，在网络上接受顾客的商品挑选、接受订单、受理货款并提供送货服务。实体家具店营销结合虚拟的网络营销，可以更好地扩大销售量，增加利润源。

面对日益加剧的市场竞争，家具店只有持续地关注顾客、服务顾客、培养顾客，才能进一步发展壮大，立于不败之地。通过过程营销建立与顾客密切的联系，提高顾客对家具店的依赖性；通过商品营销建立商品在顾客心目中的良好形象，提高家具店的品牌价值；通过环境营销让顾客感受良好的购物氛围，拥有舒心的购物过程；通过失误营销弥补服务中的不足，使顾客对家具店产生信任，并拥有无形的顾客资产；通过尊重营销使顾客在每一次购物过程中得到应有的尊重，找到宾至如归的感觉；通过网络营销缩短家具店和顾客的距离，实现“服务到家”的承诺，方便更多的顾客，最终达到提高家具店顾客满意度的目的。

第三节　制定成功的服务战略

现在，中国国内市场的竞争非常激烈，以致家具店几乎不可能完全依赖过去的成功经验来使顾客始终忠诚于自己。事实上，竞争者也绝不会甘心让家具店这样坐享其成，他们会虎视眈眈并时刻准备抢走你的顾客。

在激烈竞争的市场环境中，家具店要生存，要在市场中占据一定的地位，要保持一定的市场优势，就必须转变与顾客进行交易的观念，建立一种与顾客达成伙伴关系的意识，应该掌握赢得顾客信赖并使之长久保持购买欲望的技术与艺术。

家具店在制定顾客服务战略时必须考虑到顾客的差异性，也只有在这些差异性的基础上，家具店才能制定出成功的顾客服务战略。概括而言，家具店可以用以下 7 种思路来开展此项工作。

1. 以顾客为核心

成功的顾客服务不仅仅意味着一个服务项目和一句口号，它应该成为家具店战略规划的一个重要组成部分。通过与主要供应商密切合作，从而为顾客提供各种各样的相关服务，甚至使之成为家具店企业文化的一部分，这有助于家具店顺利达成销售目标，增加库存周转率并增加投资回报率。

2. 提供超值服务

为了实施成功的顾客服务战略，家具店需要仔细分析顾客、顾客群及各主要目标市场。通过对上述群体的分析找到家具店在商品（服务组合方面）及顾客需求方面可以改进的地方，这样做的最终目的是争取在与顾客打交道的过程中持续超越顾客的期望值。

优秀的店长都知道，家具店不大可能满足所有顾客的需求。家具店管理者知道自己的专长所在，并能以战略性营销计划为指导。因此，他们会专注于自己的优势领域。

3. 服务要具有弹性

家具店应该保持足够的弹性，并能快速反应，这是保证家具店销售业绩持续增长的基本条件。中国复杂多变的竞争环境迫使家具店经营者要时刻保持组织的弹性（灵活性）。除了要考虑常见的顾客服务问题，家具店还得考虑许多其他相关问题（如天气、商品供应等）。为了持续提升顾客服务水平，优秀的家具店会设法把自己与其他同样灵活的制造商和供应商绑在一起（缔结策略联盟），他们会独立制订或与供应商共同制订发货计划，从而充分调动自己的仓储资源以随时随地满足顾客的各种需求。

4. 极高的适应性

在充满竞争的市场上，顾客的需求可能会不断升级——顾客会不断产生新的商品和服务需求。根据成功经验，家具店在引入新商品和服务时，必须对当地及当地顾客的需求保持适应性，如此，才能培育并促进当地市场的繁荣与发展。不光要通过调整商品和服务组合来适应目标市场的需求及变化，还应该使家具店的顾客服务机构（组织）也能适应目标市场的需求及变化。通常，家具店会在自己的顾客服务机构（组织）内安排相关人员扮演市场专家或区域专家的角色。通过这些人员，家具店可以在当地市场上保持足够的适应性，从而保证能持续为目标顾客提供高品质的服务。

5. 提供差异化服务价值

我们都知道，价值 = 利益 - 价格。根据这个公式，我们可以看到，如果把“价格”作为衡量家具店商品和服务的唯一指标，那么，在打折销售的同质化市场上，买家基本上就不会获得差异化价值。而如果没有体现在利益中的认知价值，家具店的商品和服务就会变成“大路货”，这样，就无法来衡量商品和服务的真实价值，也无法将自己与其他的家具店区别开来。

服务是企业市场竞争力的关键因素。现代企业应该意识到，在市场竞争中单纯靠产品品质的与众不同是不足够的。企业还应在方便、周到和引导上努力。而曲美家具集团有限公司是实施服务差异化战略的典范之一，它在服务差异化战略上提出三个阶段：设计产品阶段；设计终端阶段；设计生活阶段。

设计产品阶段是为消费者设计出更有美感和更适合现代生活的家具产品。设计终端阶段是在销售终端为潜在购买者提出指导性的家具环境设计和家具摆放设计，为消费者提供家具摆放和家具组合的服务项目。设计生活阶段是更高层次的家具服务项目，它是根据消费者家庭的不同特点，提供更专业化的家具产品和家具设计。

每一个企业都试图在复杂多变、竞争激烈的客观环境中，寻求生存与发展的方向和途径。由于在不同时期、不同阶段，企业的客观环境条件不同，企业生存与发展的道路亦会随之相异。因此，必须首先从总体上考察企业生存与发展的战略问题。

一般而言，服务企业所采取的基本战略有服务成本领先战略、服务差异化战略以及服务多样化战略。服务差异化战略是指企业提供的服务标新立异，不但能满足顾客特殊的需求，并以此形成竞争优势的战略。差异化战略强调企业与顾客的关系，即通过向顾客提供与众不同的服务为客户创造价值。实行差异化战略目的在于使顾客形成较高的忠诚度，从而在市场中建立起不易动摇的竞争优势地位。

实行差异化战略的主要条件有企业在服务产品的研究和开发上具有较强的创新能力，较高的适应能力和应变能力。企业在市场营销中要有明确的目标市场，并能采取有效的经营手段和方法。要实现差异化战略，最重要的是要了解客户的需求和价值取向，客户也会根据服务水平、企业对待他们的方式、企业交易的方式、从企业获得的信息的种类和财务部门的信用政策等，来评价企业提供的服务。

实施服务差异化战略的主要途径：创造进入性差异；创造难度差异；创造辅助物差异；创造地点差异。

1987 年，曲美家具品牌华丽诞生，经过 27 年的不断努力，曲美家具以稳健的经营、雄厚的实力、成熟的产品以及星级的服务，已发展成为集设计、生产、销售于一体的大型、规范化家具集团。曲美家具集团有限公司的职工近4000多名，拥有6个家具生产基地，80万平方米的厂区规模，销售网络覆盖全国，拥有近1000家专卖店，其中全新商业模式的大型独立专卖店有60余家。

和其他很多企业一样，曲美也提供免费的设计服务——用电脑提供设计效果图，但这种服务方式比较普遍，缺乏人性化和个性化，不足以培养消费者的品牌忠诚度。

以国际巨头宜家为例，宜家提供个性化设计服务，在充分了解客户现有的摆设和布局及其想达到的效果和喜好的基础之上，通过个性化设计满足顾客需求，最终实现产品和设计理念双重销售。这样贴心细致的服务能让消费者产生信赖和忠诚度，体验到设计带给他们的乐趣。

优秀的售后服务可以为企业的产品增加附加值，所以现在的家具生产厂家就必须从被动的售后服务阶段走向主动吸引消费者的产前设计阶段。融合消费者意见于产品设计中，为消费者定制产品，使产品个性化。家具市场的服务竞争已经从服务意识上升到服务技术的竞争，曲美组建设计咨询公司，根据客户的要求和喜好，提供局部或整体空间的设计或改造。这样销售的就不仅仅是家具，更多的销售具有“曲美特色”的个性时尚生活空间，这样更有利于曲美一直提倡的设计概念渗透到消费者的生活当中。

另外，曲美还通过客户信息管理系统建立曲美家居俱乐部，及时收集手机客户的详细资料，对有买家具意向的客户及时提供免费的培训，包括家具空间的合理布局、家具颜色的合理搭配等方面的知识介绍，并通过消费者积分的多少来确定客户的等级，并按等级为俱乐部会员提供优惠价格或奖励。这些个性化的服务措施都有利于增加曲美的市场竞争力和客户对曲美的品牌忠诚度。

从1998年，曲美公司实施差异化战略以来，在业内和社会上都取得了非常好的效果。从2000年开始，曲美的销售额就以30%的速度增长。企业运行机制、公司规模、市场占有率在北京市保持前三位，在全国保持前八位，弯曲木家具产品的市场份额达到60%以上。

通过上述分析，曲美家具集团有限公司运用服务差异化战略，建立起消费者对产品或服务的认识和信赖，使得它的产品在国内外市场上都营销顺利，成绩显著。但是实施服务差异化战略也有一定的风险，因为建立差异的活动总是成本高昂，即服务差异化的代价一般很高。所以，广大企业想要在国际市场营销事业上取得成功，就要在具体分析自己企业的情况下，做出适合自己企业发展的战略，不能生搬硬套，这样才能成功运用服务差异化战略占领市场，赢得消费者的青睐。

6. 深度了解顾客

根据对成功家具店的研究，发现成功的家具店还善于从分销伙伴那里持续了解顾客当前的各种想法及关于未来的看法，而不仅仅是以有竞争力的价格向这些分销伙伴供货；成功的家具店善于通过分销伙伴来向顾客提供可靠的服务，并从分销伙伴那里获得大量的市场情报；成功的家具店能够据此赢得顾客的信赖和忠诚，从而确保家具店持续从成功走向卓越。

7. 把握趋势

优秀的家具店会持续关注顾客的需求及期待，他们会抢在竞争者之前发现顾客的具体需求或变化趋势，并能有效地改进自己的顾客服务工作；优秀的家具店还会注意自己的竞争者，即竞争者在做什么，没有做什么或做得不尽如人意之处；成功的家具店还善于从导购那里获得大量的需求及趋势性资料，因为顾客服务代表往往会与顾客一直保持接触并承担着主要的服务责任甚至起到促进销售的积极作用。

第四节　满意经营的要点

1. 将顾客管理纳入家具店经营

近年来，顾客管理受到我国零售企业的普遍认可和大力推广。在家具店的发展中发挥着重要作用。顾客管理是基于供应链一体化，通过供应商合作伙伴关系和顾客关系，实现信息共享、资源互补、多方互动和顾客价值最大化，并以此提升家具店竞争力的一种管理思想。它并不是指管理软件和技术，而是指融入家具店经营理念、市场营销、顾客服务等内容的以顾客为中心的管理方法。

顾客管理是家具店与顾客的双向互动，它的核心是顾客，本质是基于顾客与销售商、生产商乃至供应商之间形成的价值关系。所以家具店要想经营好就必须把顾客管理纳入家具店的经营之下。

家具店开展顾客管理的根本目的是提高顾客满意度和顾客忠诚度，但能否取得成效，从根本上还依赖于顾客管理的基础工作。归纳起来主要包括三个方面。

（1）重视顾客

顾客的重要性对家具店而言，是远远超过所有的其他因素。所以，企业应该做到关心顾客、重视顾客。顾客管理的核心是顾客，所以，为了保证顾客管理的高效运行，企业首先应明确顾客标准，即谁是一般顾客，谁是合适顾客，谁是关键顾客，以顾客满意为目标，然后才是如何与他们建立关系，据此分类有针对性地提供合适的服务，从而使家具店价值目标与顾客价值目标协调一致。

（2）为顾客打造组织体系

家具店不仅要从技术上对待顾客管理，更是从组织结构和企业文化的高度对待它。家具店应将内部传统的金字塔组织结构改建为一个全新的扁平的组织结构。

在新型的组织结构中，顾客处于顶尖位置，充分体现了顾客至上的理念，同时，管理职能部分从管理者转移到一线员工的层面，这样员工就具有创造性工作的自由和权力，由执行者变为工作岗位的管理者。

在新型的组织结构中，部分决策权已转移到一线员工的层次。管理者应授权给员工，组建恰当的工作小组，并以恰当的方式对员工进行引导、激励和绩效评析。管理者应扮演好有效领导的角色，从领导者的角度来帮助员工获得正确的信息，并为他们的成功提供各方面的有力支持。

（3）打造顾客管理平台

顾客数据库系统是企业实施顾客管理，完善顾客服务的平台系统。详尽完善的顾客数据库系统能帮助企业准确掌握顾客的需求意向，为企业带来长久的竞争优势，为顾客价值最大化创造条件。

2. 满意经营的员工心态要求

态度是一个人对待事物的一种驱动力，不同的态度将产生不同的驱动作用。好的态度产生好的驱动力，注定会得到好的结果，而不好的态度也会产生不好的驱动力，注定会得到不好的结果。对于家具店而言，要做到满意经营就必须要求其员工具有良好的服务心态。那么一般而言，家具店满意经营的员工心态要求有哪些呢?

（1）积极主动的心态

积极心态就是向好的，正确的方面扩张发展，同时第一时间投入进去。家具店肯定都有很多好的方面，也有些不够好的地方，这就需要员工用积极的心态去对待。命运不是上天安排的，而是我们主动去争取的。在家具店里，有很多的事情也许没有人安排去做，如果员工主动地行动起来，不但锻炼了自己，同时也为日后的工作积蓄了力量和经验。在竞争异常激烈的今天，被动就会挨打，主动就可以占据优势。

（2）双赢的心态

家具店的员工必须站在双赢的心态上去处理自己与家具店之间和资金与消费者之间的关系。员工不能为了自身的利益去损坏家具店的利益。没有家具店的利益，员工也肯定没有利益。消费者满足自己的需求，而员工实现自己的工作价值，这同样也是一个双赢的结果，任何一方的利益受到损坏我们都将为其付出代价。

（3）包容的心态

家具店的员工会接触到各种各样的人或事，也会接触到各种各样的消费者。每个消费者的爱好和需求都不同。员工要为顾客提供服务并满足顾客的需求，这就要求员工懂得包容，包容他人的不同喜好，包容别人的挑剔。同事也有自己不同的喜好和做事风格，我们也应该去包容。

（4）自信的心态

自信是一切行动的原动力，没有了自信就没有了行动。员工不仅要对自己服务的家具店和所销售的商品充满信心，还要对自己的能力、未来和同事充满信心。时刻提醒自己是将优良的商品推荐给消费者，自己的一切行为都是有价值的。

（5）行动的心态

行动是最有说服力的。慷慨激昂的雄辩胜不过真实的行动。员工需要用行动去证明自己的价值，完成自己的目标。如果一切计划、一切目标都是停留在纸上，不去付诸行动，那计划就不能被执行，目标也就不能实现。

（6）主人翁的心态

家具店的每位员工都要像家具店的主人一样去思考问题，处理事情。不要认为自己是打工者，家具店的命运与自己无关。事实上家具店和员工之间是利益的结合体。在某种意义上是“水涨船高”的关系。因此只有你具备了主人翁的心态，才会去考虑家具店的成长，才会感觉到家具店的事情就是自己的事情。就知道什么是自己应该去做的，什么是自己不应该做的。

第七章
服务创新，塑造顾客价值

为顾客提供优质服务，其核心是创造性地高标准地满足顾客的期望。要达到这一目标，家具店的导购必须具备充分了解和分析顾客期望的各种相关技能。要运用科学的方法来对顾客的期望、需求、满意度加以深度分析，同时加强与顾客的互动，即时跟踪处理顾客的需求变化，为顾客提供最好的营销服务体验。

第一节　售前、售中、售后服务之关系

商品销售活动是零售企业经营活动的中心，因此可以将零售服务依据向顾客提供时所处时间段的差异，大致分为售前服务、售中服务和售后服务三类。从内容上讲，零售服务体系就是由售前、售中和售后服务构成的体系。

1. 售前服务与准备

所谓售前服务即是指开始营业前的准备工作。家具店的许多服务项目在顾客购买商品过程开始之前就已经进行了精心的安排。

广义的售前服务几乎包括了除售中、售后服务以外的所有商品经营工作。从服务的角度讲，售前服务是一种以交流信息、沟通感情、改善

态度为中心的工作，必须全面、仔细、准确和实际。售前服务是为零售企业赢得良好的第一印象的活动，销售人员应当热情、主动、诚实、耐心，富有人情味。

所有商家一定都明白，经营者与顾客之间是服务与被服务的关系，售前服务对家具店销售来讲必不可少。售前服务不仅可以让顾客更加满意，而且还可以达到促销和塑造企业形象的目的。

下面重点介绍几个直接和商品销售工作有密切联系的服务项目。

(1) 综合咨询服务

顾客进入家具店时，或多或少都会有一些问题想要咨询。家具店如果能够选派几名有一定水平的业务人员开设综合咨询服务，对于方便顾客购买会有相当大的作用。

在此，同为零售企业的家具店，应该学习一下美泰百货的综合咨询服务。

在竞争非常激烈的美国零售行业中，美泰百货公司凭着独具匠心的顾客服务措施，赢得了顾客的信任，成为一家回头客不断的零售企业。

关于美泰百货公司的顾客服务制度，我们重点介绍它为顾客提供的咨询服务。

我们可能都有过这样的体会，国内外一般较大的商场都设有问询处，但是，许多问询处大都起不到什么作用。但是，美泰百货公司却不是这样。

顾客只要一走进美泰百货公司，就可以看到设在商场底层中心位置的问询处，它的四周都设有醒目的标牌，工作人员总是由面带微笑、业务精通的年轻小姐充当。她们的主要任务就是要让所有进入商店的顾客高兴而来，满意而归。这些服务员小姐总是会热情而耐心地向顾客介绍商场的布局，指引顾客到他们想去的柜台，有时候还充当顾客的购物参谋。如果商品一时脱销，她们还能准确地说出销售此类商品的附近的商店，并建议顾客前去购买。如果短时间内市场没有，她们就礼貌地向顾客道歉，并请顾客留下联系方式，然后向总经理汇报以督促进货。一旦有货，她们就打电话通知顾客，或者是送货上门。

美泰百货公司的总经理认为美泰的问询处必须具备这些职能，顾客走进商场，都将得到满足，美泰公司不敢夸口销售世界上所有的商品以满足顾客的需要，但是公司可以做到用一流的服务来迎合顾客的需要，少数顾客虽然暂时不能得到物质上的满足，但至少也要让顾客得到精神上的满足。

同时，公司的问询处每天还要为公司提供大量可贵的商品供求信息，把一批顾客介绍给其他商家，既让顾客得到了满足，又得到了竞争对手的好感，这正体现了美泰百货公司的经营作风。

美泰百货公司的经营作风就是以顾客为中心。《哈佛商业杂志》曾发表的一份研究报告指出："再次光临的顾客可以为公司带来 25% ~ 85% 的利润，吸引他们再次光临的因素中，首先是服务质量的好坏，其次是商品本身的质量，最后才是价格。"美泰百货公司这样关心顾客的需求，因此甚至有顾客称他们在了解顾客和提供优质服务的过程中，带有某种程度的狂热。这种狂热使得他们所提供的服务有时候甚至超过了顾客的期待，并由此赢得了大量的回头客，也使得公司的销售业绩节节攀升。

（2）连带配套销售服务

这是指把某些具有连带性的商品或者配套使用的商品按照顾客的需要组合在一起，以便顾客一次购买。比如一些家具店针对新婚夫妇的特点，推出了各种型号、各种价格档次的家具及电器设备的组合类型，从而打消顾客的犹豫，促进他们的购买决心。

（3）流动售货服务

即在家具店以外的地方出售商品。这种方式能提高销售额的主要原因是它能减少顾客的往返时间，同时实物被摆在顾客面前也容易激发顾客的潜在需要。

2. 售中服务要把握好

售中服务又称销售服务，是指买卖过程中，直接或者间接地为销售活动提供的各种服务。现代商业销售服务观点的重要内容之一就是摒弃了过去那种将销售视为简单的买卖行为的思想，而把销售过程看作既是满足顾客购买商品欲望的服务行为，同时又是不断满足消费者心理需要的服务行为。

优秀的销售服务为顾客提供了享受感，从而增强了顾客的购买欲望。融洽而自然的销售服务还可有效地消除顾客与导购之间的隔阂，在买卖者之间形成一种相互信任的气氛。商业心理学家们通常认为这是最有利的成交时机。

销售服务在更广阔的范围内被家具店经理们视为商业竞争的有效手段。日本一家家具店的经理曾经说："如果一个雇员在销售过程中没有能够体现出优秀的服务业绩，那么他带给家具店的损失就不仅是一笔未能做成的买卖，而是损害了家具店的信誉，这样做，企业丧失的利润可能微不足道，但是这样做的后果将使企业丧失竞争能力，这是令人不能容忍的。"

人类行为科学也开始将销售服务活动作为自己的研究对象，它更多的是从如何提高销售服务的效益这个角度出发的。这在另一个方面给零售企业的经营者们以新的和有益的启发，说明销售服务是一个有很大潜力可以挖掘的管理课题。

了解顾客对于售中服务至关重要。顾客是零售企业商品销售过程中的核心要素。除非顾客对于他们在家具店中受到接待、买到的商品和得到的服务完全满意，否则销售活动就不能算成功。

总之，如果说售前服务使潜在顾客产生购买意向，初步做出购买决定，那么售中服务就是使这种意向和决定转变为购买行为，实现交易。由于售中服务对象明确，因此提高服务的针对性尤其重要。

3. 售后服务很重要

售后服务是家具店为已购商品的顾客提供的服务。传统的看法把成交或推荐购买其他商品的阶段作为销售活动的终结，然而在新商品剧增，商品性能日益复杂，商业竞争日渐激烈的今天，商品到达顾客手中，进入消费者领域后，家具店还必须继续提供一定的服务，这就是售后服务。

售后服务可以有效地沟通与顾客的感情，获得顾客的宝贵意见，以顾客亲身感受的事实来扩大影响。它最能体现家具店对顾客利益的关切之心，从而树立商家富有人情味的良好形象。

有人认为，售后服务就是把“商品出门，概不退换”改为“包退包换”，提供免费运送、安装、维修。事实上，售后服务作为一种服务方式，内容极为广泛。如果说售中服务是为了让顾客买得称心，那么售后服务就是为了让顾客用得放心。

售后服务大体上有两个方面：一是帮助顾客解决像搬运大件商品之类常常使顾客感到为难的问题，家具店代为办理为顾客提供了方便；二是通过保修，提供知识性指导等服务，使顾客树立安全感和信任感。这样就可以巩固已经争取到的顾客，促使他们连续购买，同时还可以通过这些顾客进行间接的宣传，影响、争取到更多的新顾客。

第二节　导购销售与售后服务

1. 顾客投诉的原因

顾客有了抱怨，也就有了投诉，并且抱怨不同，投诉也就不同。顾客之所以会投诉是因为他们对商品或服务不满。毕竟一些零售家具店根本不可能满足顾客所有的需求，或者说卖场所能提供的服务是低层次的，而顾客所要求的则是高层次的，因此抱怨或投诉是必然的。虽然在某些时候条件有限，导购还是应该从“保证顾客满意”这一服务理念出发，认真谨慎地对待每一次顾客投诉。

尽管你觉得自己对工作非常尽心，对顾客也无比热情，但还是会遇到一些顾客对你阴着脸，或是事事与你作对，甚至投诉到你的上司那里去。难道这些顾客在无理取闹？事实上绝非如此。没事找事的顾客是不存在的，顾客投诉必然有他的道理。

那么到底是谁点燃了“上帝”心中的怒火，“上帝”的心中的怒火为何而燃呢？主要是因为以下几个方面。

（1）因商品品质引起的投诉

当商品本身有诸如质量不佳、功能欠缺、价格失当等问题，或者和商品有关的销售证据不充分、顾客所希望购买的商品出现缺货断货情况时，顾客同样会提出投诉。这种投诉是合理合法的。对于导购来说，应该实事求是地予以解决，在销售商品时及时提供更多有效、直接的解决办法，品质不良的商品应该及时退还厂家，或者设法改进，等改进好了之后再销售。

（2）对家具店环境，设施的抱怨

一个家具店的环境好坏，会直接影响顾客的购物心情。顾客一旦不满意家具店的环境，同样有可能会投诉。比如说家具店的光线柔和、色彩雅致，会给顾客创造一种好的购物心情，使顾客流连忘返。如果卖场灯光太暗、不通风、夏天空调不够制冷，出现因家具店地板太滑导致小孩摔跤、人太多治安不好以致顾客被小偷偷了钱包、扶手电梯突然停电等情况，都会引起顾客购物心情变坏，最终引来投诉。如果家具店柜台和柜台之间的设置不合理也会招致顾客的抱怨。

(3) 因导购服务方式、态度引起的投诉

这是最容易招致顾客投诉的原因之一，比如说导购服务态度不好、销售礼仪不当、销售信誉不佳、提供信息不足时，都可能招致顾客的投诉。

当然，导购服务态度不佳范畴很广，比如说言语不当、反应不得体等，还有不顾顾客的反应一味地推荐，或者只顾自己和同事聊天，不理会顾客的询问等。

销售方式不当，也包括很多方面，如硬性推销，变性强迫顾客购买自己的商品；对于商品的相关知识不足，无法满足顾客的询问。

还有，顾客对收银员的抱怨也不少。如收银员少找给顾客零钱；多扫描了一次商品，多收了顾客的钱却不退还；甚至是收银员速度太慢，不遵守收银制度的规定等都会招致顾客的投诉。

另外，其他方面的一些情况也会招来顾客的投诉，如顾客依照双方约定的日期前来提货，可是到了家具店却发现自己商品还没有订购。除此之外，运送不当、过期运送、送错了地方、运输途中把商品损坏了等都是顾客投诉的理由。

2. 处理顾客投诉的原则

(1) 不能产生负面评价

很多顾客投诉商品并不是商品本身有问题，而是他们自己忘记了、误操作了、理解错了、没有看说明书等原因。对于这样的投诉，只要将理由解释给顾客，让顾客明白错在哪里、该如何解决就可以了。在此期间，千万不能对这些顾客产生偏见、说一些不中听的话。这会让顾客形成一种负面评价，不仅丧失了自己的个人名誉，也丧失了你所代表的公司、家具店的名誉。

（2）站在顾客的立场想问题

试想一下：如果商品确实没有问题，顾客会无缘无故地投诉吗？当然不会。这也意味着顾客既然来投诉，就一定有原因，说不定是商品出现了什么问题、说不定是商品的某些功能损坏，影响到了顾客的正常使用。

因此，面对顾客的投诉时，导购一定要站在顾客的立场来想问题，切实地帮助顾客解决难题，并且使用以下一些话语来平息顾客的情绪：

"……我明白您为什么觉得那样……"

"……我明白您的意思……"

"……那一定非常难过……"

"……我理解那一定使人心灰意懒……"

"……我对此感到遗憾……"

当然，对一位顾客说声"对不起"也是一个非常不错的选择，这并不表示你或者你的家具店做错了什么，这只是表明为顾客有这样不愉快的经历而感到遗憾。同时也表明是你认同他的处境，明白他的心情，希望给他最好的帮助。

3. 典型投诉的处理方法

（1）商品质量问题投诉处理

商品质量不好必然影响到顾客的使用。在处理这一类投诉的时候，首先要考虑的就是顾客的损失，无论是精神上的，还是物质上的，都要有所表示，比如说奉送新商品及一份小礼品作为补偿。如果是精神上的损失，则家具店应该适当地出一些补偿费，以示安慰。

（2）顾客使用不当

顾客因为使用不当而造成一些伤害，对于导购来说也应该承担“解释不清楚”的责任。对于这方面的投诉处理，除了要真诚道歉之外，还应该以新商品换旧商品作为补偿办法。

（3）顾客误会

有时会因顾客误会导购或者商品而产生投诉。对于这种投诉，导购除了要冷静地解释之外，还应该营造轻松的气氛，将顾客的怒气扼杀在摇篮之中。当然，当顾客离去的时候，不要忘记真诚地道歉一番。千万不要小看道歉，它说不定就能让原本投诉的顾客成为你的回头客。

（4）接待服务不当

这是典型的服务不善而引发的投诉，对于这种投诉最好的处理办法就是赔礼道歉，得到顾客的谅解，并且在可以接受的范围内给顾客一定的补偿或者优惠，让顾客在这种小便宜的诱惑下，自动“熄火”。

（5）不讲道理顾客处理

对于这种顾客，好言相劝和真诚道歉似乎都没有用，那么对于他们的投诉该如何处理呢？对此，导购应该本着“有理，有利，有节”的原则处理问题，如解决不好，及时向主管领导汇报。甚至可以请求相关部门的帮助，比如说打电话报警等。

第三节　服务营销与完美服务

1. 什么是服务销售

服务销售是导购在充分认识满足消费者需求的前提下，为满足顾客需要在销售过程中所采取的一系列活动。服务销售是家具店销售管理深化的内在要求，也是在新的市场形势下形成竞争优势的新要素。服务销售的运用不仅丰富了市场销售的内涵，而且也提高了家具店面对市场经济的综合能力。

针对家具企业竞争的新特点，注重商品服务市场细分，服务差异化、有形化、标准化以及服务品牌、公关等问题的研究，是当前家居企业竞争制胜的重要保证。

2. 如何创造顾客体验

关注顾客需求，不仅要关注顾客的理性需求，还要关注顾客的感性需求。顾客体验突出了顾客感性需求的重要性，通过技术与人性、科学与艺术的有效结合，在实现基本的功能和性能的基础上，使商品更加人性化，从而创造出顾客难忘的体验。

简单地说，顾客体验就是顾客对商品或服务的心理感受。比如，顾客去买家具，享受免费试用体验活动，提前感受到拥有商品才享有的权利，会使顾客有被尊重的感觉。可见，顾客获得的不仅仅是带来实际功能的商品，更是一种感觉，一种情绪上、体力上、智力上甚至精神上的享受。

为了进一步了解顾客体验，这里把顾客体验分为三个层次，即感官体验、使用体验、结果体验。

（1）感官体验

商品对顾客视觉、听觉、触觉、嗅觉及味觉等产生感官刺激，通过感官刺激而获得心理感受。感官体验是顾客对商品最直接的体验，也是最容易感受到的。

（2）使用体验

顾客在使用商品中的感受是顾客对商品的进一步体验。商品使用体验的目标是使商品易用的特点让顾客切身感受到。

（3）结果体验

顾客在使用商品的功能之后所产生的体验，我们称之为结果体验。

3. 以顾客为中心的思维

做好顾客需求挖掘，一个重要的前提是建立以顾客为中心的思维方式。原因很简单，今天，家居行业竞争激烈，各种各样的家具店遍布城市的每条街道。顾客在选择商品上占据了主导地位。面临着越来越多的商品，顾客是如何选择的呢？

首先，顾客要看商品的功能和特性是否满足自己的需求。比如某顾客想买一张实木的餐桌，那么什么样的实木餐桌能符合他的基本要求。其次，顾客要看家具店的服务是否值得信赖。通过导购的服务，顾客对某一商品产生购买兴趣。最后，顾客要看家具是否还能满足自己更个性化的需求。顾客对餐桌的个性化需求，比如，需要带有折叠功能，这样的商品就是他的个性化需求。

以顾客为中心，可以说是个广为流行和认可的一个经营理念。然而，在实际经营中却常常有意无意地远离了这一理念，主要有以下三个表现：以我为中心；以老板为中心；以竞争对手为中心。

（1）以我为中心

以我为中心，就是完全以家具店管理者的品位、喜好为导向，这样就会离顾客的真实需求越来越远。

（2）以老板为中心

比起以我为中心，家具店管理者更棘手的问题是如何处理来自老板的想法、建议、甚至命令。如果老板的想法和顾客的想法比较吻合，这就不是什么问题。家具店管理者需要思考的是老板是不是也是以我为中心，没有经过调研分析就做出决策。如果完全以老板为中心，商品也很有可能远离了市场的需求。

克服以老板为中心，需要家具店管理者能够深入市场、接近顾客，拥有一手的事实和数据。在此基础上与老板进行讨论，用事实说话是最好的说服方法。

(3) 以竞争对手为中心

家具店管理者在研究分析竞争对手的商品的时候容易陷入竞争对手的思维框架中，尤其管理者在面对强大的竞争对手，或者是市场反应良好的商品时更容易这样。

然而，可能会存在以下问题：竞争对手和自己家具店的实力不一样，别人能做出的，自己未必有能力做出，商品、服务等同质化严重，陷入价格竞争。

第四节　提供感动服务

一家家具店如果没有顾客光临就会倒闭，因此顾客的价值是显而易见的。但是人们可能不太了解这个事实，如果没有足够数量的固定顾客，没有几家家具店能够维持很久。家具店生存和成功主要取决于通过优质服务留住固定顾客，而不是依赖促销手段和闪电式的销售策略吸引一次性顾客。

每个顾客进入家具店都对商品和服务的质量有一定的期望值。如果你们的服务水平超过了他们的期望值，他们就会感知到较高的服务质量。如果你们的服务水平没有达到了他们的期望值，他们就会感知到较低的服务质量。

在每个顾客的头脑中都有一个天平，将他得到的服务与他的期望值进行比较。如果还是照搬一成不变的服务模式，甚至机械化的服务流程，无法提供给顾客以惊喜的差异化服务，就会给家具店未来赢利带来不小的隐患。

顾客潜在的价值分析表明，当不满意的顾客走出店门时，他们将带走一大笔未来的生意。而且，如果不满意的顾客把他们对企业的坏印象告诉其他人，也增加了损害未来生意总量的危险性。勒伯夫指出，不满意的顾客平均会把其对企业的不满告诉 8～10 个人，而每 5 个不满意的顾客中会有一个人把其不满告诉 20 个人。对于一般的企业，吸引新顾客所花的费用是留住老顾客的 6 倍。其中有个问题需要重视，大多数情况下顾客忠诚度的价值是每一次购买交易价值的 10 倍。

对每个行业来说，吸引新顾客和新员工都是重要的，但是如果不在服务策略上投资，留住老顾客和老员工，家具店企业几乎不可能长久地生存下去。虽然大多数服务性企业无法留住 100% 的顾客和员工，但是追求一个较切合实际的目标，例如，80% 的保留率，可以给家具店带来较高的利润。

一个家具店如何能达到 80% 的保留率目标呢？勒伯夫在一次对某个企业关于“为什么顾客离开了”的问卷调查中可能已经找到了线索。这次问卷调查的结果如下：

3% 的顾客搬家走了。

5% 的顾客与其他公司交上了朋友。

9% 的顾客由于竞争的原因离开了。

14% 的顾客对商品不满意。

68% 的顾客因为店主、经理或一些员工的冷漠、平庸的态度而离开。

所以，如何推陈出新，打破传统的服务流程模式，增加更多忠诚的顾客是未来家具店企业之间竞争的制胜法宝。

在家具店竞争十分激烈的今天，家具店必须营造轻松、愉悦的氛围，塑造精品意识，追求的服务必须是规范、个性、超值，甚至是令顾客备受感动的服务，以满足多层次、多方面、多样化的服务要求。

1. 什么是优质的服务

优质的服务主要体现在以下几个方面。

（1）微笑、问候、礼貌

每一位顾客在踏入家具店大门时都希望见到导购亲切的微笑，听到服务人员热情、真诚的问候，这是家具店留给顾客的第一印象，也满足了顾客想要得到尊重的情感需求。

（2）高效、规范、准确

导购无视顾客的存在，或者过久地让顾客等待，都会使家具店的服务大打折扣，甚至招致顾客投诉。99%的顾客都希望光顾的家具店能提供快捷、规范的服务。

（3）尊敬、关心、体贴

日本的家具店服务业把对顾客的尊敬、关爱、体贴放在了首位并贯穿于整个服务之中。导购见到顾客后会予以亲切的问候，甜美的微笑、九十度的鞠躬、跪式服务、礼让服务等，处处体现出把顾客当成上帝这一服务理念。在这一点，国内家具店可以向日本家具店学习。

尊重、关心、体贴是家具店留住老顾客，吸引新顾客，提高服务质量，与顾客建立朋友、亲人般关系的基础，是服务行业经营管理的生命。

（4）诚实、守信、忠诚

家具店的工作人员不但要尊重、关心顾客，还要忠诚于家具店，忠诚于自己从事的服务事业，更要忠诚于顾客，要做到诚实可靠，守时履约，诚信待客。

2. 提供最优质的服务

服务对于家具店销售业绩的提升有着非常重要的作用。导购要为顾客提供高档次的服务。不仅仅是为了满足顾客最基本的需求，同时还要尊重并理解顾客的情感，满足他们的心理需求。

在社会和技术日趋进步的今天，家具店不但要以最快的速度推出顾客所需要的服务，也要尽快地挖掘出顾客的潜在需求并开创出相应的服务项目以吸引和保留更多的顾客。

美国销售学家维特曾说过，未来竞争的关键不在于企业能生产什么，而在于商品能提供多少附加值。由于社会信息的畅通和市场运作的规范，各家家具店在商品、价格、渠道和促销等方面相互模仿与借鉴，竞争空间日益狭小。同时，随着消费者消费意识的觉醒与消费知识的丰富，商品市场不断完善与成熟，家具店想要赢得长久的竞争优势就需要更新原有的销售观念，向更高层次迈进。这种全新的经营理念就是为目标顾客提供超值服务。

当然，服务不仅仅是指家具店制造出商品价值和提供服务本身的附加值，更重要的是要创造符合顾客价值评判，超出顾客期望值的服务，要主动以爱心、诚心、耐心给予顾客更多的人性化的关怀，与顾客建立起友好的亲情关系，增强顾客对企业的信赖感，达到实际上不为其他竞争对手所动的程度。

如今是以服务取胜的年代，让顾客满意是这个时代家具店活动的基本准则。服务甚至可以说成为了一项家具店的形象工程。作为一名出色的导购，你的服务首先就要超越销售，不断外延商品的附加值，主动增加服务的功能与品种，为顾客提供快速便捷的服务。其次，要加强与顾客的消费沟通，向顾客提供知识化、信息化的服务。最后是要提供温馨服务，以情感化、人性化的销售行为温暖顾客，让顾客时刻感受到家具店的细心与真诚。

具体来讲，一个卓越的导购要能做到以下几点。

(1) 重视顾客

不论是作为顾客服务或是作为其他的行业，重视顾客都是非常重要的。拥有忠实的顾客群是一家家具店成功的必要因素。而作为导购就更需要重视所有的顾客，让每一位顾客都感受到满意的服务。

(2) 确立超值服务的理念

应该掌握超值服务的理念以指导自己的服务实践，为顾客带来超值享受，确保顾客的忠诚。

（3）耐心细致，态度要和蔼可亲

在提供服务时应该让顾客感觉到你是真心为他服务，而不是敷衍。这就要求导购在提供服务时态度一定要好，对顾客的问题要及时耐心地解答。良好的沟通是提供良好的顾客服务的关键。当顾客致电投诉或反映问题时是希望得到重视，得到帮助。我们要设身处地为顾客设想，体会顾客的感受。

（4）细心观察，捕捉顾客的超值服务点

通过细心观察了解顾客真正关心的问题、困难，然后给顾客提供帮助，这是赢得顾客信赖最好的办法。服务一定是在自己力所能及范围内进行，防止不切实际的承诺或盲目的行动。

（5）做好微笑服务

微笑不是一种职业化的笑脸，而是微笑者积极的人生态度的表现，是他们充盈的内心世界的真实流露。

要相信微笑的力量。微笑往往会给人乐观向上、自信的印象，容易让人产生信任感。因此在微笑之前，你需要相信微笑有一种感染人的积极力量，富有自信的微笑更能打动人。

3. 做好个性化服务

个性化服务是指家具店提供有自己个性和特色的服务项目，即以顾客需要为中心提供各种有针对性的差异化服务及超常规的特殊服务，以便让接受服务的顾客有一种自豪感和满足感，并赢得他们的忠诚。

个性化服务不但强调满足顾客的个性需求，即在全面考虑顾客不同个性与需求的基础上，有针对性地设计与提供商品，同时强调表现服务人员的个性，因为顾客个性需要的满足依赖于服务人员的个性化表现。

总而言之，个性化服务是一种有针对性的服务，依据各种渠道对资源进行收集、整理和分类，向用户提供和推荐相关信息，以满足用户的需求。随着家具店竞争的日趋激烈，家具店管理者意识到了服务质量才是家具店竞争的关键。于是，个性化服务成为了家具店竞相提出的口号。

个性化服务要真正体现在家具店日常的管理和服务之中，而不是只表现在某一个具体的项目、一个规章制度或者一个口号上。家具店要建立准确完整的顾客档案、加强员工的培训、巩固各部门的沟通协助、不断完善硬件设施。员工要熟悉家具店规范化程序和各岗位操作规程、了解相关业务知识、助人为乐、善于理解顾客的真实需求、注重细节。

第八章

促销，得民心赢人气

目前，中国家居行业的经营环境更加严峻，为了业绩的成长或保有市场占有的优势，做家具营销及促销活动是必需的、也是最重要的手段之一，所以家具店一定要做好促销管理。只有这样才能在市场竞争中处于不败之地。

第一节　经典家具促销方案

目前各类市场推广活动五花八门、种类繁多。为了确保商品能够迅速销售成功，几乎所有的家具店都很愿意使用促销这一营销工具。促销是动态营销的一个阶段，是我们展示产品形象的辅助手段，不管是搞价格促销、赠品促销、组合促销，都要遵循动态的促销策略，运用整合促销提升品牌价值和销量。

现在市场上几乎所有的家具店都在做着促销工作，今天节日促销，明天品种促销，后天品牌促销，但是归根结底市面上的各类促销活动，其实大部分都大同小异。面对竞争激烈的家具零售市场，我们该如何开展创新、实用而有效的促销活动呢？

1. 家具促销的概念

家具促销，简而言之是：寻势、顺势、借势。

某知名商场不仅打造优雅的购物环境，同时在售后服务方面也不断向客户提供精细化服务，并将客户资料整理成电脑档案，定期上门回访。商场根据不同时期推出各种优惠促销活动，其中 VIP 会员优惠活动最为有效。

客户只需要在优惠推广期一次性购物满 8000 元以上，就可成为 VIP 会员，可享受额外的折中折和特惠商品优先购买，同时提供专家导购，免费为客户进行居室风格设计和家具配置，使客户全程无忧。最为重要的是许多 VIP 客户为商场带来了新客户，使商场业绩倍增。

家具促销是以消费者需求为导向，做好销售的每一个细节，让顾客满意。瑞典宜家家居（世界第一的家具企业）创始人英格瓦·坎普拉德曾说："我们的热忱、持之以恒的创业精神，我们的成本意识，我们秉承责任和乐于助人的愿望，我们的敬业精神，以及简洁的行为成就了今天的宜家。"

2. 家具店促销常用方法

（1）赠品促销

赠品促销是家具常用的促销方式，只要顾客购买促销商品达到一定数量或金额，就可以得到商场赠送的赠品。

（2）特惠组合

特惠组合类似于降价，但又不会带来负面影响，既维护了家具品牌形象，又消除了价格障碍，提升了商场的市场竞争力。

（3）返奖销售

返奖销售可分为返券、返券加现金、返现金、返现金加赠品等形式。

(4) 降价促销

降价促销就是在促销推广期推出特惠价商品和部分商品打折促销。

(5) 有奖促销

所谓有奖促销，就是购买一定金额商品后抽奖或定期开奖，多买多送。

(6) 限定促销

限定促销是指限定品种、数量、时间的产品特惠促销方式。

(7) 情感促销

情感促销就是针对新婚夫妇、老客户开展特别优惠促销，如新婚夫妇凭结婚证、老客户凭发票购买家具打折或送赠品等形式。

下面的案例是上述7种促销方式的汇总，方案中所列价格、数据、活动细则仅供促销时参考。

时尚生活，经典家居，国庆真情回报多重厚礼：

时间：2013年9月20日—10月9日。

活动期间，全场商品九折优惠（不含特惠组合和特价家具），并有精美家居礼品赠送。

(1) 惊喜折扣，款款动人

①购物满7200~11200元9折基础上再享受9.2折。

②购物满11200~15200元9折基础上再享受9折。

③购物满15200元以上9折基础上再享受8.8折。

(2) 超低特惠时尚家具

①床具：1.5m，1360元；1.8m，1560元。

②沙发：布艺3960元；真皮6360元（每天限量3套）。

(3) 实惠家具套装，享受超值特价

A组合（卧房三件套）市场价，4360元；特惠价，××元。

B组合（卧房五件套）市场价，7960元；特惠价，××元。

C组合（客厅、餐厅组合）超值精品沙发+实惠经典餐桌，××元。

（4）购家具送床垫

①购A组合，加998元赠送价值1560元床垫一张。

②购B组合，加798元赠送价值1560元床垫一张。

③购C组合，加600元赠送价值1800元床垫一张。

（5）家居礼品大赠送

①购物满3600~5600元赠送精美礼品一份。

②购物满5601~7600元赠送茶具一套或高档靠垫一个。

③购物满7601~9600元赠送高档七孔被一床或床上用品一套。

（6）购物送红包，时时有好运

购物满4000元，可在幸运树上抽取红包1个；8000元抽取2个红包（每增加4000元，赠送一个红包，以此类推）。

（7）老朋友，心相系

①凡凭本商场2013年9月以前购物单据购买家具或推荐客户购买者可享受幸运红包双份（活动6细则）或赠送礼品一份。

②凭2013年9月以前购物单据购买家具或推荐客户购买者可享受购物赠礼品和红包各一份（活动5、活动6细则）。

（8）新婚直通车

凭结婚证（2013年1月1日后登记），购买家具满12000元以上者可再享受特别礼品和红包一个，并赠送婚礼花篮一对。

3. 家具促销策略

（1）营造促销氛围

商场促销应充分营造氛围，突出祥和、温馨、幸福的家庭气氛。在醒目位置悬挂海报、广告牌等。

（2）促销时机

节假日、结婚旺季、购房、装修旺季、新产品上市、清理库存。

（3）促销组合

一般是购物折扣、批量折扣、赠品促销、主题事件促销组合。

（4）目录展示的促销策略

将所促销产品的照片和价格制作成宣传图册或折页，客户可以通过折页了解产品，并得到家居布置的灵感。推荐研究《宜家家居》目录册。

4. 家具促销案例精华

（1）“有条有理大行动。”在促销现场教顾客如何使家具布置井井有条。

（2）“让价格自己说话。”在促销时将产品的特质、环保、性价比等优势通过广告展板、海报等多种宣传形式告知顾客。

（3）“家具价格有奖竞猜。”在活动现场采用实物或写真大图片的方式让顾客参考竞猜，价格最接近者为胜，获价值 100 元奖品一份。此举即可带动人气又可宣传产品。

（4）“家具由您定价，你想几折就几折。”本促销活动在国内许多商场促销时，效果特别好，实施方案简述如下：购物 10000 元以内，通过抽奖可优惠折扣 1% ~10%，购物满 10000 元以上，抽奖可获 9.9 折至 3 折优惠，可返现金或购物券。

（5）“布艺沙发 200 元一套。”该类促销方案主要是制造悬念，引起顾客关注。实质是购物满一定金额，加 200 元送沙发一套。

（6）举办“沙发文化节”或“睡眠文化节”。此促销方案是主题促销。沙发文化节产品以沙发和茶几为主。卖场以沙发为主题的各类吊旗布满商场，内容主要有沙发的演变、材料、款式、风格介绍。实施要点是在促销时段通过调整其他产品的面积，扩大沙发展示面积 3 倍以上

(沙发展示面积当地第一)。“睡眠文化节”以套房家具为主，促销形式相同。

(7)“家具团购，替您省钱。”该方案是商场和团购组织、媒体联合举办的促销活动，操作规则如下：指定好团购产品，委托团购组织和媒体发布消息征集团购成员。在会议室向团购客户介绍产品和优惠政策，此优惠政策在5天内有效。有意向团购成员需交团购定金，每人获得团购卡一张，卡上注明优惠折扣、付款方式、售后服务、违约责任等内容。客户凭此卡到门市像普通消费者一样看货、验货、付款。团购是家具促销的新形式，针对住宅小区和单位展开效果更佳。

5. 经典促销策划范例

文化内涵和情感能促进家具销售。我们不仅卖家具，还提供生活方式，是消费者的顾问，将文化和情感融入家具才能真正展示家具的美感和内涵，让顾客感到真正的关爱。

(1)“君乐美”的4W促销方式

4W为：完美，步步进逼；维护，进退有据；文化，营销基础；温馨，攻心为上。

谁钟情于顾客，用情感去占领顾客的心，从而赢得顾客的好感与信任，谁就拥有市场。

①温馨到家，众口皆夸

君乐美以情感竞争为营销手段，在商场内特别推出“售后服务区”免费为消费者提供咨询、设计、维修、定做、客户回访等服务。他们推出声势浩大的“万名消费者需求调研”活动，参与者达数万人。凡在君乐美购买千元以上家具者，均有名贵花木赠送，大量的巴西木、伞尾葵等中外名贵鲜花无偿赠送。走进千家万户，有谁不对君乐美人产生一种亲切的情感？

②创造个性，营销文化

当今是消费个性化的时代。在家具商场挑选商品时，顾客相信自己的眼睛，凭自己的经验和感受做出判断。于是，环境与心情的吻合被摆在了购买决策的首位。因此家具店推出了一系列旨在倡导高品位文化的促销方案。

第一，开展攻势猛烈的广告宣传，告知消费者该企业的经营方略：

“奔走于都市的滚滚红尘之中，您是否感受到了一丝厌倦？君乐美家具商场愿为您的生活营造一片恬静的乐园。”

“生活离不开空间，空间需要装点。君乐美家具商场愿与顾客一起携手走进大自然。”

“在企业我们销售家具，在社会我们美化生活。”

把家具与现代居家氛围有机结合，把购物与陶冶情操有机结合，把营销与文化有机结合，将自己的经营从一开始就定位于高层次、高品位的坐标点上。

第二，营销文化。君乐美先后举办了“摄影比赛”“秋季联谊会”“营销文化沙龙”“菊花展”等活动，从中不难看出君乐美着意刻画文化主题的追求。

（2）购买家具，送旅游

千年的古樟树、翠绿的山冈，清澈见底的山泉，能在山中逗留是一种乐趣，呼吸新鲜空气，放飞自己的心情……

活动细则：购物满 16000 元以上，邀您和爱人赴原始森林探幽、漂流一日游。

本案例说明：在实施时要将顾客集中在一起组团，并请专业导游，全程摄像，制作成光盘送给顾客，旅游时安排丰富多彩的娱乐活动。旅游结束后，许多的客户成了商场永远的朋友，并给我们带来了很多的客户。

家具商场促销案例是多样化的，促销从本质上来说是商家与购买者双向互动的过程。从这个意义来讲，帮助顾客省钱，给顾客关爱，为顾客着想，才能赢得顾客的信赖，培养更多的忠诚消费者。让我们一起创新，善用文化促销、情感促销、体验促销、赠品促销方式，形成我们特有的高品位的家具经营模式，这是我，也相信是您所共同期盼的景象。

第二节　促销的一般流程

家具店的促销活动虽然是项很灵活性的事件，但是我们市场人员还是要充分把握促销活动的规则和流程。

1. 促销时间的确定与安排

促销开展要选择合理的时间，一般有两种：其一，抓住某种时机进行促销。其二，根据商品特性和销售淡、旺季而执行的促销活动。如：季节性、节假日、开业庆典、结婚、新居、针对竞争者的对抗性促销等。

活动的持续时间应根据活动预算、顾客的反应、活动目的而决定。

2. 明确促销目的和促销目标

家具店所希望实现的促销目标就是其期待目标市场对促销活动所作出的反应。如果家具店希望通过刺激顾客的购物欲望来达到提高销售业绩的目标，那么就要更准确地确定各项促销方式与手段。要做好这项工作就要明确促销目的和促销目标。

（1）促销基本目标的划分

从时效上划分，可分为短期目标与长期目标。

短期目标的制定：家具店促销人员必须先明确促销活动期间短期的

销售目标即计划卖多少货。短期促销活动直接影响到顾客是否会购买，是否了解了你的商品、品牌。短期目标一般包括：提高家具店品牌忠诚度，促成重复购买；促使别的竞争家具店的习惯使用者、爱好者来我们的家具店；迅速提升销量，促成第一次购买，介绍商品的使用方法；DM，商品演示、折扣、优惠；延长商品的销售时间，淡季不淡；使更多的人认识了解商品、品牌，注意并产生好感；吸引顾客进店，现场抽奖，买就送，大量媒体宣传；建立品牌形象，在促销展示、促销员形象上加深品牌形象。

长期促销目标的制定：长期促销活动目标在于巩固品牌形象、维持市场占有率，所以它不如短期促销的销售效果明显。各种促销工具中，竞赛和赠品均有长期的促销效果。长期目标一般包括：提高家具店品牌忠诚度；利用广告、各种激励手段提升家具店的品牌认知度；展示、演示、DM、折扣优惠；推行新商品试用。

（2）促销目标制定的过程

促销目标必须是能够量化可以评估、衡量的，而且是实际可以实现的。在思考促销活动对顾客影响到底有多大时，应充分考虑促销的手段和方式，采取何种形式来吸引顾客参加、购买，从而实现促销目标。

在促销目标制定的过程中要考虑如下的问题：思考促销策略；思考促销目标；促销目标量化；合适的促销手段、方式是什么；促销手段、方式要适合主推商品；所要达到的目标是什么；促销的目标顾客是谁；促销区域、范围是否涵盖了大部分目标顾客；促销使第一次购买人数（比率）达到多少，重复购买人数（比率）是多少，淡季购买量达到多少，销售业绩增加多少。

3. 确定促销主题

促销不是为了销售而开展，它还肩负着品牌建设的任务。促销活动一定要有一个主题，这是整个促销活动的灵魂，目的在于提高品牌美誉度。

从目标消费者的心里挖掘最富有煽动性的促销活动主题，以此主题为整个推广活动的核心。整合各种营销要素，在家具店与消费者之间形成互动的氛围，最大限度拉进消费者与商品、家具店的心理距离，吸引一批稳定的忠诚消费群体，从而最有效地推动家具店销售业绩的持续增长。

促销主题要从一个时间段中考虑，在这个时间段可以设计不同的主题，但是每个主题之间必须有联系，整个活动主题一脉相承，形成具有震撼效果的品牌影响力。促销活动主题要与商品品牌诉求和定位相一致，避免给目标消费者混乱甚至错乱的印象，必须根据家具店整体品牌战略目标来确定；促销活动主题是打动消费者的关键，一定要贴近目标消费者利益，是他们关注的重点，而不是给老板看的；促销主题要简洁、突出、富有创意，并且朗朗上口，反映促销活动的核心思想；促销主题还要充分利用时事热点，诸如春节、母亲节、奥运等，要有一定的新闻价值，在一定程度上能够引起社会舆论的关注。

主题促销活动主要有三种：以商品为主题的促销活动；以季节特点为主题的促销活动；结合特定节假日的促销活动。需要明确主题促销活动绝不是简单的买赠、特价、路演等活动形式，而是围绕一系列主题来体现出促销商品的诉求和定位。

4. 确定促销对象

所谓确定促销对象，其实就是确定促销服务针对的消费者。在潜在市场中，哪些人需要促销的商品，哪些人在使用促销商品过程中受益，那么这部分人就是家具店的目标市场所在。只有认准了潜在顾客，才能采取最有效的促销手段。

分析谁最有可能购买家具店促销的商品，那部分人群首先有购买促销商品的需求，他们想买并且买得起，他们才是家具店要劝告、说服、激励和服务的对象。促销目标确认具体分析：

（1）谁是促销商品的使用者、购买者、决策者。

（2）目标对象的收入情况（购买力）。

（3）目标对象的特性及对商品的性质、功能的理解。

（4）目标对象的习惯及爱好（如，他是喜欢品牌的还是便宜的，追求时尚还是实惠等）。

（5）竞争者干涉情况。

5. 确定促销工具及步骤程序

（1）确定促销工具

常见的促销要素工具有：优惠券、赠品、折扣、抽奖、DM、奖券、展示、演示、咨询、讲座、服务、有奖刺激、联合促销、展览会等。

常见的促销手段工具有：广告，在电视、杂志和报纸上登载广告；销售推广，其中包括有奖竞赛活动、优惠销售、特供品销售和样品赠送等；公共关系，策划和实施公共活动之目的就是通过媒体免费的正面宣传报道，达到提高社会知名度以及强化家具店形象的目的；直接营销，直接营销的目的是为了与顾客进行更具人情味、更富个性化的促销沟通。

（2）促销工具选择的拟订

内部讨论促销工具的选择是否能够对目标顾客产生足够的影响。评估标准包括：活动是否实用、简单、有效、可执行、操作性强。

6. 确定促销预算

确定促销预算的惯常做法就是在估算竞争对手促销预算的基础上来确定自己的促销预算。对竞争对手的促销预算的评估，其目的只是以它为借鉴，在此基础上，根据具体情况做出适合本家具店实际的促销预算方案。

7. 撰写促销策划方案

当促销的思路确定后，必须按一定的规则将其形成文字，便于指导和检查。策划方案必须包括下面几个内容：

（1）促销活动目的，即解决什么问题。

（2）促销活动要素，即活动进行的时间、地点和负责人。

（3）促销活动的方式，即采用什么促销方法，需要什么促销资源。

（4）促销活动的前期预热和后期跟进。

（5）促销效果评估。

（6）促销经费预算，包括：策划费（方案、信息收集）、场地费、运输费、广告投放费（报纸、杂志、广播、电视、网络、户外）、设计制作费（海报、宣传单页、拱门、空飘、刀旗、横幅、展台、背景板、赠品、样品）、公关费、人力费、杂费、其他。

8. 促销的执行监控

在方案实施过程中，存在着许多不可确定的因素，需要对活动进行监督、控制，以便根据各种情况的变化而采取针对性措施，使活动有效进行。促销过程中的监控工作主要在于促销执行情况。要了解促销的进展，及时发现问题、解决问题，确保促销的顺利进展。一般监督的内容有：计划的执行情况，计划是否与现实有偏差，活动是否得到顾客的认同；人员的执行情况，人员是否有违纪、工作不负责，导致活动不能按原计划进行；物资控制情况意外事件的防范，各种宣传品、礼品、货物是否齐全，并按时到位，资金是否短缺，活动现场是否有人蓄意生事等情况，然后根据这些变化制订针对性措施。

9. 促销效果评估

对促销活动进行总结，包括促销活动的成功与不足之处，并提出改进措施，以及活动前、中、后的销量对比；与去年同期销量增长比；活动投入产出比；还有活动前后促销商品的品牌知名度、忠诚度、美誉度对比等。

第三节　促销预算管理的方法

家具店在进行促销活动的时候不但要考虑促销的效果，更要注意促销的预算管理。促销管理的预算方法很多，较常用的方法主要有量力支出法、销售额比例法、竞争对等法和目标任务法。

1. 量力支出法

量力支出法，是指家具店确定促销预算的依据是他们所能拿得出的资金数额。家具店根据其财力情况来决定促销支出，方法简单易行，但它完全忽略了促销与销售之间的因果关系，忽略了促销对销售的影响。所以，严格说来，量力支出法在某种程度上存在着片面性，不利于家具店制订长期的市场开拓计划。

2. 销售额比例法

销售额比例法，是指家具店按照销售额（销售实绩或预计销售额）或单位商品售价的一定百分比来计算和决定促销支出。这就是说，家具店按照每完成100元销售额（或每卖1单位商品）需要多少促销费用来计算和决定促销预算。

目前成熟的家居卖场和品牌，其投入产出比例为1∶15～1∶20；而对于新进市场和品牌，其投入产出比例为1∶8～1∶12。

3. 竞争对等法

竞争对等法，是指家具店比照竞争者的促销支出来决定本家具店促销支出的多少，以保持竞争上的优势。在市场营销管理实践中，不少家具店都喜欢根据竞争者的促销预算来确定自己的促销预算，形成与竞争者势均力敌的对等局势。

4. 目标任务法

目标任务法的具体步骤是：明确地确定促销目标；确定为达到这种目标而必须执行的工作任务；估算执行这种工作任务所需的各种费用，这些费用的总和就是计划促销预算。

家具店在编制总的促销预算时，先要求每个促销策划者按照下述步骤准备一份促销预算申请书：尽可能制定详细的促销目标，该目标最好能用数字表示；列出为实现该目标所必须完成的工作任务；估计完成这些任务所需要的全部成本。

第九章

做好财务管控，管钱就是管店

开家具店就是为了赚钱，而要达到这一目的，店长就必须做好家具店的财务管理工作。可以这么说，财务管理是家具店经营管理的根本，其好坏直接关系到家具店的生死存亡。由此可见，要开一家赚钱的家具店，店长就必须懂得一定的财务管理知识，做到有效的管理。

第一节　保存好原始票据

从财务上来说，一份原始凭证必须经领导审批，原始凭证要有领导签字，有关经手、验收、复核人员签字要齐全。全部齐全了，才是一分有效的原始凭证。

原始凭证是记录经济业务、明确经济责任、据以填制记账凭证、登记会计账簿的基础性会计资料，是反映经济活动的发生或完成情况的书面凭证。

1. 审计人员重点审计的地方

财务人员在实际的操作过程中一般会存在下面的问题，而这些问题同时也是审计人员重点审计的地方。

（1）形式不规范

①所取得的原始凭证项目填写不全，不符合会计基础规范的要求，有的不填日期、接受凭证单位的名称，有的业务内容、数量、单位和金额填写不全，有的没有填制单位的名称和财务（会计）专用章。

②报账列支的手续不全，存在无财务人员审核、无经办人员签字或其他证明力不足等。

③对外用内部结算票据或普通收款收据（或自制收据）替代发票或财政收费票据。

④一些基层单位的维修费用、简单的基建支出都是白条入账。

（2）内容不真实

①经济活动内容不真实，将一些无法入账的票据开出正式发票以会议费或小车修理费的形式列支报销。

②虚开、虚报支出票据，套取现金，有的企业是为了给职工搞点福利，有的则是自己要得到实惠。

③发票的号码与日期存在倒置，报销的票据存在连号等问题，说明未如实反映经济活动发生的时间或发票内容虚假。

从财务的角度看，造成原始凭证不规范，甚至失真的原因是：

第一，内控制度不健全、不落实。不少的家具店内控制度不健全、不落实，财务管理松弛，没有严格、规范的验收审批制度。

第二，财务人员履行职务责任心、原则性不强。一些财务人员审核把关原则性不强，有的以老板审批代替审核，只要是领导批了的，什么发票都可以报销。

第三，有些家具店老板法制观念淡薄。

上面是家具店原始凭证对外所要注意的问题，在家具店内部，同时也存在错误和舞弊。

2. 原始凭证中容易出现的错误与舞弊

这些错误和舞弊是经营者要特别注意的，这是家具店内部的财务人员通过对原始凭证做手脚，达到私人目的。

（1）内容记载含糊不清，或故意掩盖事情真相，进行贪污舞弊。

（2）单位抬头不是本单位。

（3）数量、单价与金额不符。

（4）无收款单位签章。

（5）开具阴阳发票，进行贪污舞弊。

（6）在整理和粘贴原始凭证过程中进行舞弊。

例如：利用单位原始凭证粘贴、整理不规范的弱点，在进行粘贴、整理时，采用移花接木的手法，故意将个别原始凭证抽出，等以后再重复报销；或在汇总原始凭证金额时，故意多汇或少汇，达到贪污其差额的目的。

（7）模仿领导笔迹签字冒领。

（8）涂改原始凭证上的时间、数量、单价、金额，或添加内容和金额。

企业要想健康发展，离不开每一个细节上的控制。所以企业的老板对原始凭证要认真签字，这方面的财务意识也要不断地加强。

3. 建立财务票据管理制度

为了加强会计核算工作，完善财务管理制度，确保票据妥善保管，需要制订票据管理制度，内容包括以下几项。

（1）支票由出纳员专人保管。领用支票的人需填写领用支票审批单，由总经理审批并由财务总监认证后向出纳员领用，领用人负责收回相关单据并及时到财务部办理有关报销手续。

（2）原则上不准签发空白抬头或金额的支票，如确实需要，应由总经理、财务总监同意，并在支票上填上最高限额，由领用人员负责收回相关的报销凭证，由财务人员核对是否准确。

（3）建立支票领用备查簿，依序登记领用人，领用支票日期及注销日期等。

（4）对已作废支票，与支票存根放在一起，并加盖“作废”印章后妥善保管。

（5）发票由主管会计专人保管和负责核对，建立发票领用登记簿，定期对空白发票及领用的发票进行检查。

（6）仓库验收单、领用单每月必须定期核对后，交会计部门入账，并装订保管。

（7）出纳的支出单据，由出纳登记现金日记账、银行存款日记账后，经会计核对后，交会计入账。

第二节　财务分析七禁忌

“家具店未开，财务先来。”投资开店就是为了赚钱，这是毋庸置疑的。但是在众多的开店人中，有人日进斗金，有人亏本倒闭。作为家具店的经营者，一定要把握好财务这一关。为自己家具店请个理财高手，做好财务分析。这样你在经营中就不会担心财务上出什么问题了。

财务分析要达到重点突出、说明清楚、报送及时、预测准确、措施得力的目的，进入财务工作“灵魂”之境界，充分发挥其诊断家具店的“听诊器”，观察家具店运行状况的“显微镜”的功能，必须“七忌”。

1. 忌面面俱到，泛泛而谈

财务分析重在揭露问题，查找原因，提出建议。所以分析内容应当突出当期财务情况的重点，抓住问题的本质，找出影响当期指标变动的主要因素，重点剖析变化较大指标的主、客观原因。这样才能客观、正确，评价、分析家具店的当期财务情况，预测家具店发展走势，针对性地提出整改建议和措施。

那种面面俱到，胡子眉毛一把抓的做法势必是不可取的，写出的财务分析要么是不痛不痒；要么是不知所云的流水账；充其量也只能算是情况简介，这样文牍似的财务分析对企业挖潜堵漏，完善管理没有丝毫价值。

2. 忌千篇一律，分析格式化

每一个时期的财务分析无论是形式和内容都应有自己的特色。内容上的突出重点、有的放矢，形式上的灵活、新颖、多样，是财务分析具有强大生命力的首要条件。形式呆板、千篇一律，甚至抽换上期指标数据胡乱拼凑是财务分析之大忌。

财务分析本来就专业性强，形式上的呆板、内容上的千篇一律，其可读性必然弱化，久而久之财务分析势必变成可有可无的东西。要焕发财务分析的生机和活力，充分发挥其为领导决策当好参谋的职能，财务人员对财务分析无论是内容和形式都要来一番刻意求新、求实。从标题上就不能只拘泥于“×××店××季（月）财务分析”这单一的格式，可灵活地以当期财务状况进行概括作为主标题，也可引用一些贴切的古诗来表述，使主题一目了然。在表述手法上，可采用条文式叙述，也可穿插表格说明；可采用概况、分析、建议的三段式，也可边分析、边建议、边整改；分析既可纵向对比，也可横向比较。总之财务分析不应拘泥于一个简单的模式。

3. 忌只是数字的堆砌罗列，没有具体的情况说明

要分析指标变化，难免有数字的对比，但如果仅仅停留于罗列指标的增减变化，局限于会计报表的数字对比，就数字论数字，摆不出具体情况，谈不清影响差异的原因，这样的财务分析只能是财务指标变动说明书或者说是财务指标检查表的翻版。那种空洞无物、枯燥死板的财务

分析肯定不会受家具店老板的欢迎。

只有把呆板的数据与灵活的情况充分结合，做到指标增减有数据，说明分析有情况，彼此作证、补充，财务分析才有说服力、可信度，逻辑性才强，可操作性才大。

4. 忌浅尝辄止，停留于表面现象

因为往往是表面良好的指标后面隐藏着个别严重的漏洞和隐患，或某些优点被某些缺点所冲淡。这就要求财务人员既不要被表面现象所迷惑，又不要就事论事；而要善于深入调查研究，善于捕捉事物发展变化偶然中的必然，抱着客观的姿态，克服先入为主的做法，通过占有大量的详细资料反复推敲、印证，来一番去粗取精，去伪存真的加工、分析，才会得出对家具店财务状况客观、公正的评价。

如，在指标的对比上要深入调查核实，换算其计价、标准、时间、构成、内容等是否具有可比性。没有可比性的指标之间的对比只能扭曲事物的本来面目。

5. 忌报喜不报忧

真实、准确、客观是财务分析的生命。要想掌握家具店经济运行的真实状况，确保家具店的机体健康运行，就应敢于揭短，敢于曝光。

所以财务分析既要肯定成绩，又要揭露家具店中存在的问题；既要探寻影响当期财务情况变化的客观因素，更要侧重找出影响当期财务情况变化的主观原因。实事求是、客观全面的分析，才能有利于家具店健康长久地发展下去。

6. 忌上报不及时

财务分析是家具店经营者了解家具店财务状况，同时也是家具店财务人员参与企业管理，提出合理化建议的最有效途径，其指导性的价值

就在于其时效性。家具店的经济信息瞬息万变，过时的财务分析对家具店改善经营管理的作用将大打折扣。财务分析的上报应与会计报表同步上报，并形成制度化。

7. 忌专业味太浓

财务分析主要是服务于家具店内部经济管理的改善，经济运行质量的提高，为家具店经营者当参谋，明了家底的手段。所以财务分析应尽量淡化专业味，少用专业术语，多用大众词汇，力戒矫揉造作；做到简明扼要、通俗易懂。

第三节　有效控制成本费用支出

1. 成本管理要细抓

随着竞争越来越激烈，一般家具店的营业额提升较慢，但成本以及成本管理费用却逐年增加。在这种情况下，家具店的经营者必须严格控制成本费用才不至于因费用增加而使家具店的利润下降，造成投资成本回收时间延长。要想控制成本费用，首先得明白家具店的成本包括哪些。

家具店成本一般分为固定成本和变动成本。

（1）固定成本

固定成本，又叫固定费用，是指成本总额在一定时期和一定业务量范围内，不受业务量增减变动影响而能保持不变的成本。如管理费用：如薪金、津贴、加班费、资金、退职准备金、福利金等。设备费用：如装潢费、设备折旧、保险费、租金等。维持费用：如水电费、事务费、杂项费等。

（2）变动费用

变动成本，又叫变动费用，是指那些成本的总发生额在相关范围内随着业务量的变动而呈线性变动的成本。直接人工、直接材料都是典型的变动成本，在一定期间内它们的发生总额随着业务量的增减而成正比例变动，但单位商品的耗费则保持不变。家具店的变动费用主要包括维修费、广告宣传费、包装费、盘损、营业税等。

（3）收支平衡点

经营者开店时，最关心的问题是投入资金后，须达到多少业绩才能损益平衡？这首先需要将家具店的营运经费分成固定费用与变动费用。固定费用与营业额的增减无关，是在一定期间内所发生的固定费用，因此固定费用的分担率与营业额的增减成反比。而变动费用则是随营业额的增减而发生变化的，变动费用与营业额的增减成正比。

上述两类费用需依家具店的经营规模以及所投入的人、财、物等进行详细分类，再进一步配合损益平衡点进行估算。

为了获得更多的利润，有很多家具店也一直都在讲节约成本，可到头来，好像并没有降低多少。原因就在于此，这些家具店不注重细节，总想着节约大的成本，认为节省那么一点儿不会改变什么。可事实上，正是这点点滴滴才构成了家具店降低成本的基础。

事实证明，通过成本控制获得巨大成功的家具店，无一不是得益于对于细节的关注和追求，把成本管理工作的每一个环节都进行细节处理。

管理无大事，细节见实力。千万别小看一支笔，一张纸的价值。所以成本控制应从细节做起，提倡人人节俭，把节俭当成一种企业文化，把这些细节做好，成本控制才能得以实现，家具店才能持续成长。

2. 开支要精打细算

毫不夸张地说，不管大企业还是小家具店，但凡经营得不错的，其经营者必定对成本加倍关注。因为他们知道，要想获得更多的利润，就必须节约每一分钱，实行最低成本原则。他们有这样的共识：能够节省下来的钱，就绝不浪费。

百安居隶属世界500强企业之一的英国翠丰集团自1999年进入中国内地以来，至今已开设了20多家分店，仅2004年的营业额，就达32亿元人民币。就是这样一家在外人看来财大气粗的家具零售集团，却一直把节俭当成自己的生存之道，在运营哲学中叫"细者为王"。

一套成型的操作流程和控制手册在百安居被广泛使用，该手册从电能、水、印刷用品、劳保用品、电话、办公用品、设备和家具店易耗品八个方面提出控制成本的方法。比如将用电的节俭规定到了以分钟为单位，如用电时间控制点从7：00到23：30，依据营业、配送、春夏秋冬季和当地的日照情况划分为18个时间段，相隔最长的是7个小时，相隔最短的仅有两分钟。

"我们希望所有员工不要混淆'抠门'与'成本控制'的关系，原则上，'要花该花的钱，少花甚至不花不该花的钱'，我们要讲究花钱的效益。"《营运控制手册》的前言部分如此写道。而且"降低损耗，人人有责"的口号随处可见。这种文化的灌输从新员工入职培训时就已经开始，并且在每天晨会中不断灌输、强化。

以百安居北京金四季店为例。与明亮宽敞的卖场相比，办公区显得寒碜。总经理办公室照样简陋，一张能容6人的会议桌和普通灰白色的文件柜。屋里没有老板桌，总经理文东坐的椅子（用"凳子"这个词也可以）和普通员工一样，连扶手都没有，就这几件物品，办公室已不宽裕。

总经理手中的签字笔只要1.5元，由行政部门按不高于公司的指导价去统一采购——这听上去有些令人惊叹。而他们选用廉价笔的理由是既然都能写字，为什么要用贵的呢？

以百安居运营成本中的人力成本为例，他们控制的是总量，特别是员工的数量，而对员工的个人收入则不加限制。简单地说，就是人力配置项目与人均利润息息相关。

例如，在北京的一家百安居，在2万多平方米的卖场只有230多名员工，平均100平方米配置1名。顾客所看到的店员由三部分人组成：固定员工、供应商所派过来的促销员、配送和收银中的部分小时工。这些人员在他们衣着的颜色和标识上会有区别。

为了节省人力成本，百安居大量聘用临时工。据统计，百安居的临时工占员工总数的20%～30%，主要在部分配送和收银工作中使用。人员配置的调整，主要从部门、全店、全国人力效率（每小时的销售额）的对比为主来考虑，其次再考虑家具店的具体情况（如卖场形状、面积、现货比例等）。人员的配置主要包括与销售相关的部门以及支持部门。

一个人节俭比较容易，而要让超过6000名员工，在超过30万平方米的营业区内将节俭发展成一种组织行为，则难上难。但百安居办到了！

百安居在运营过程中，始终保持节俭、精打细算的作风，这也是它的生存之道。店里所有的支出都是建立在可以给顾客提供更多价值的基础之上，而不是无意义的铺张浪费上。于是有没有老板桌不成为问题，选择廉价笔也理所当然！他们深深地知道，顾客不会为你的奢侈埋单！

试想，如果在开店初期大肆挥霍，则可能就造成集资不足或使筹资规模不得已扩大。这样就增加了成本，使将来的获利相对减少。

其实，无论大企业还是小家具店，要想获得更多的利润，对各项开支精打细算是很必要的。家具店在经营中要对所需的各项费用进行估算，然后想方设法节俭。根据拟建家具店的规模、标准、档次等，对市场上相同或类似的家具店做全面深入的了解和调查，结合市场行情预测整理出具有参考价值的数据，以此为依据对筹建费用进行估算。主要有以下几方面。

（1）对营业空间（建筑物）费用的估算

无论是租赁，还是在房产市场购买或新建房屋，首先要考虑的是营业空间所在地是否处在“黄金地段”。地段不同，租金、房产的售价和造价相差会很大。所谓一分价钱一分货，所以经营者应全面权衡、慎重确定，并以市场行情单价为依据，分别进行估算。

（2）设备、设施费用的估算

家具店所用的设备也有档次高低之分，档次较高的设备所需投资较大，一般档次低的设备所需投资相对较少。为了节约成本，购买设备应以实用、耐用、经济为前提酌情选购。各种档次的设备价格都可从市场报价获取，若是成批购买还可获得优惠。在估算设备、设施费用时，应包括运输费和安装调试费。

（3）装饰费用的估算

家具店的装饰应以简洁、明亮、卫生、雅致为主。能节省则节省，避免豪华装饰以避免营业前期投入过多的资金。

（4）劳动力成本的估算

家具店劳动成本可按不同人员的工资标准乘以人数来估算。各类人员的工资水平，在各劳动力市场都有平均工资标准可供参考。贷款利息可根据银行的贷款利率进行估算。如果经营者都是用自己的资金投资，也可按贷款利息计算，凭此反映筹建费用的全貌。

节俭从来就不是个大问题，但却需要很大的精力去执行。特别是对于当今零售行业来说，利润微薄的同时还要快速扩张，不实行低成本运营就难以生存，可谓成本决定存亡。

3. 经营成本的控制

（1）什么是成本控制

成本控制就是降低成本，通过成本的节省来实现的，即力求在销售工作现场不浪费资源和改进工作方式以节约成本，主要方法有节约能耗、防止事故、以优质的服务与好的销售技巧进行销售等。

（2）成本控制的基本原则

①全面介入的原则

全面介入原则是指成本控制的全部、全员、全过程的控制。不仅对变动费用要控制，对固定费用也要进行控制。全员控制是要发动全体员工建立成本意识，参与成本的控制，认识到成本控制的重要意义才能付诸行动。

②例外管理的原则

成本控制要将注意力集中在超乎常情的情况。因为实际发生的费用往往与预算有差异，如发生的差异不大，也就没有必要一一查明其原因，而只要把注意力集中在非正常的例外事项上，并及时进行信息反馈。

③经济效益的原则

提高经济效益不单是依靠降低成本的绝对数，更重要的是实现相对的节约，取得最佳的经济效益，以较少的消耗取得更多的成果。

4. 经营费用及控制

家具店的费用支出占营业收入比例很大，比如开一家家具店，一个月水电费少则千元，多则万元，直接影响家具店的利润。所以，及时、有效地监督和控制家具店经营过程中的各项费用支出是提高家具店经济效益的重要途径。

很多人开店时，总想着要扩大规模，好多赚些钱，其实控制经营费用就是在赚钱。但是需要注意的是，控制经营费用要合理有度，不能影响家具店的运营。一般来说，家具店进行费用控制的总要求是：在扩大家具店经营服务范围、保证服务质量的前提下，尽量减少各项费用的开支。

（1）成本费用的内容

那么，家具店的成本费用主要有哪些，如何控制这些费用呢？家具店费用主要包括营业费用、管理费用和财务费用等方面的内容。

①营业费用

营业费用是指家具店在经营中发生的各项费用。营业费用一般包括营业部门人员的工资、福利费、差旅费、工作餐费、折旧费、修理费、服装费、物料用品消耗、低值易耗品摊销、广告宣传费、邮电费、水电费、运输费、装卸费、包装费、保管费、燃料费、展览费、洗涤费和其他营业费用等。

②管理费用

管理费用，是指家具店为组织和管理经营活动而发生的各种费用。管理费用一般包括不分摊到各营业部门的行政管理部门人员工资、会议费、办公费、差旅费、交际应酬费、福利费、工作餐费、服装费、物料用品消耗、水电费、折旧费、低值易耗品摊销、燃料费、修理费和其他行政活动费、工会经费、员工教育经费、劳动保险费、待业保险费、外事费、租赁费、咨询费、审计费、诉讼费、排污费、绿化费、土地使用费、土地损失补偿费、技术转让费、研究开发费、聘请注册会计师和律师费、应从成本中列支的房产税、车船使用税、土地使用税、印花税、无形资产摊销、开办费摊销、坏账损失、存货盘亏和毁损、上级管理费等。

③财务费用

财务费用，指家具店为筹集经营所需资金而发生的一般财务费用。财务费用一般包括利息支出、汇兑损失、金融机构手续费等。

（2）费用控制的方法

家具店费用控制的方法比较多，从传统的费用控制方法来看，主要有预算控制法、主要费用指标控制法、制度控制法、费用定额控制法和费用率控制法等五种方法。

①预算控制法

它是以预算指标作为费用支出限额目标。预算控制即以分项目、分阶段的预算数据来实施费用控制。预算控制法的具体做法是把每个报告期实际发生的各项费用总额与预算指标相比，在接待业务不变的情况下，要求费用支出成本不能超过预算。但首先要求有科学的预算指标。一般编制滚动预算，使预算具有较大的灵活性，更加切合实际情况。

②主要费用指标控制法

它是对家具店经营费用有着决定性影响的指标，其费用总和占家具店全部费用总额的比重较大。主要费用指标控制，就是抓住主要矛盾，对家具店的主要费用指标实施严格的控制，以保证费用预算的完成。控制主要费用指标，关键还在于规定这些指标的定额，定额本身应当可行。家具店在制定费用开支限额的同时，还应随时注意非主要费用指标的变化，把费用控制在预算之内。

③制度控制法

它是利用国家及家具店内部各项费用管理制度来控制费用开支。例如各项开支的审批制度，日常考勤考核制度以及费用节约与超支的奖励与处罚制度，对于努力降低各种费用支出并有显著效果的员工，要予以重奖，对费用控制不力，造成超支的要给予惩罚。只有这样才能真正调动员工节约费用、降低费用支出总额的积极性。

④费用定额控制法

它是对各项费用规定一个绝对金额做定额，以此对费用支出进行控制。在具体执行过程中，又有两种办法，第一种是支出不能超过这个定额数，如达到定额后财务部门不予支付，这也叫做绝对限额指标控制；第二种是用下达费用指标的方法来实行定额控制，即以是否超过指标来衡量费用支出情况的好坏，并根据指标完成情况进行及时调整和控制。

⑤费用率控制法

它是核定一定时期各部门费用水平应该是多少，作为硬指标，将执行这个指标和上期水平作为衡量执行定额的好坏，同时与奖惩制度挂钩，以此来推动员工节约费用，提高经济效益。

上述的五种家具店费用控制方法，是互相交叉进行的。在家具店经营中，要根据各家具店的规模和特点，组织机构的设置，以及管理工作的需要和条件，灵活掌握运用，只有这样，才能探索出一套适合自身特点、有较强针对性的费用控制体系，以获得理想的费用控制效果，取得良好的经济效益。

开店就要明白一个道理，控制经营费用就是在赚钱，节省一分就是赚了一分。所以，无论经营什么样的家具店都要控制经营费用。但是需要注意的是，控制经营费用要合理有度，不能影响家具店的运营。

第四节　有效控制流动资产

1. 做好收银工作

现金的收受与处理是收银员相当重要的工作之一，这也使得收银员的行为与操守格外的引人注意。为了保护收银员，避免引起不必要的猜疑与误会，也为了确保现金管理的安全性，收银员在执行收银作业时必须遵守下列守则。

(1) 收银员身上不可带现金

收银员在执行收银任务时，身上如有任何私有金钱，容易让人误会是店内公款，而造成不必要的困扰。如果收银员当天带有大额现金，并且不方便放在个人的寄物柜时，可请经理代为存放。

(2) 收银台上不能放私人物品

收银台除茶水（茶水应放置在远离收银机等各种电器的地方，以防发生不测）外，不可放置任何私人物品。收银台随时会有顾客办理退货，或临时删除购买的品项。若有私人物品亦放置在收银台，容易与顾客的退货混淆，引起他人的误会。

（3）收银员不得擅自离位

收银员在收银台执行收银任务时，不可擅自离位。收银柜台内可能有现金、发票、单据等重要物品，如果擅自离机，将使有想法的人有机可乘，造成店内的损失，而且当顾客需要服务时，也可能因为找不到工作人员而抱怨。

（4）收银员不为亲友结账

无论出于什么原因，收银员不可为自己的亲朋好友结账。避免收银员利用职务上的方便图利亲友，同时也避免引起不必要的误会。

（5）熟悉商品价格

收银员应熟悉商品价格，以便尽早发现错误标价尤其要注意新调价商品的价格。当商品的标价低于正确价格时，应委婉地向顾客解释，若是顾客坚持依照标示上的价格支付，应该尊重顾客的意愿，因为这是理货员的错误。

（6）工作时不可嬉笑聊天

收银员在工作时不可嬉笑聊天，随时注意收银台前的动态，如有任何异常状况，应通知收银主管处理。收银员在工作时彼此嬉笑聊天，会给顾客留下不佳的印象，破坏企业形象，导致公司的损失。

（7）掌握尽可能多的信息

收银员应熟悉特色服务的内容、促销活动、当期特价商品及商品存放的位置等信息，收银员熟悉上述各项信息，除了可以迅速回答顾客的询问，亦可主动告知，让顾客有受到重视的感觉，同时还可以增加家具店的业绩。

（8）收银时做到“三轻”

收银员在工作时应做到“三轻”，即说话轻，走路轻，操作轻，尤其是操作轻，应该是商品提、拿和放置都要轻，避免损坏商品。

（9）收银员应注意自己的仪容仪态

一个小小的疏忽都可能让顾客对整个店产生不良印象，尤其在当前市场竞争激烈的情况下，亲切友善的服务以及良好的顾客关系的建立有助于吸引更多的顾客。

①整洁的制服。每位收银员的制服必须保持一致并且保持整洁、不起皱。在工作时，必须佩戴工号牌于统一、固定的位置。

②清爽的发型。收银员的头发应梳理整齐。

③适度化妆。收银员化点淡妆可以让自己显得更有朝气，但切忌浓妆艳抹。

④收银员在工作时应随时保持姿容，以礼貌和主动的态度来接待和协助顾客。与顾客交谈时，必须带有感情，而不是表现出虚伪、僵化的表情。

⑤当顾客发生错误时，切记不要当面指责，应以委婉有礼的口气为顾客解释。

⑥收银员在任何情况下，皆应保持冷静与清醒，控制自身情绪，切勿与顾客发生争执。

⑦收银员与顾客接触时，除了应将“请”“谢谢”“对不起”随时挂在嘴边，还应熟悉以下常用待客用语：当顾客走到收银台时，应说：“欢迎光临/你好。”当顾客等候一段时间时，应说：“对不起，让你久等了。”当顾客结束购物时，应说：“谢谢！”“再会！”为顾客结账时说：“总共×元，收你×元，找你×元”，以免发生不必要的麻烦。

收银工作在家具店经营中占有重要的地位，如果做不好，不但会给家具店的经营带来不必要的损失，还会给顾客留下不好的印象，从而影响家具店的经营效益。

2. 应对现金风险的措施

“流动的钱才能生出更多的钱。”现金是家具店经营的生命线，家具店是否有可供随时支配的货币和活期存款，其能否为生产经营提供足够的现金，对家具店来说是生死攸关的大事。

资产投资过多使家具店的变现能力降低，导致资金沉淀；家具店规模盲目扩张，缺乏相应的短、中、长期计划，都会导致家具店发展的失败。因此，家具店在超速发展过程中必须十分注意防范现金风险。

一般来说，家具店现金风险包括以下几方面：片面重视利润和销售的增长，忽视当前可以使用的现金；库存占用资金过多，债务额增长过快；资金被过多的固定资产投资所冻结；急于求成，盲目扩张而不考虑时机和资金能力。

（1）手头资金如何管理

家具店防范风险，保持手头现金主要应从加强管理、预先防范上下功夫，具体来说可采用以下措施：

①在原材料供应淡季，争取从供方以打折后的价格进货。

②采取有效措施，控制和回收应收账款。

③增添土地、建筑物和生产设备等固定资产时尽量采用租赁方式，减少现金支出。

④由其他专业化企业提供配套商品和后勤服务（例如设备维护等），不要“万事不求人”，搞“小而全”。

⑤严格控制原材料和成品的库存量，避免超额储备。

⑥不将现金冻结在对近期利润增长没有多大作用的大额订单上。

⑦减少微利商品的产量，控制对降低成本没有多大作用的订单数量。

⑧预先准备好企业技术改造所需资金，以免临时挪用流动资金，影响正常生产。

（2）遵循现金管理制度

另外，为了加强家具店对现金的管理，防止资金滞留，加快资金周转，保证资金安全，杜绝利用职务之便，收受回扣，报假账，假公济私等行为的发生，现金管理还要遵循以下的制度。

①出纳现金的管理

家具店出纳员要严格审核各种现金收付原始凭证。各种原始凭证必须真实、合法、准确，审批手续必须齐全，不符合要求的凭证，出纳员拒绝受理。出纳员必须设置现金日记账，对每笔收付款必须及时登记，逐日结出余额，每日下班前，必须核对现金账面余额及库存余额。严禁白条抵库，白条抵库视同挪用公款。出纳员的库存现金及现金日记账必须接受财务部不定期检查。

②现金营业款的管理

各部门的收银员必须在当班营业终了，根据实际所收款填制解款单后，将营业款交给指定收款人（店面出纳）。指定收款人在每班终了，打出清账单，在未收款项之前，不得将清账结果告诉收银员，否则每次罚款5元，收妥营业款之后，将长短情况做好记录并通知收银员。收款数额为上日下午班营业款加当日上午班营业款，必须当日下午存入银行，无不可抗拒原因迟存或少存者，算过失一次，并按每天0.5%的比例收取罚款。营业款不得擅自用于费用及货款的支付，特殊情况必须经总经理批准。

③现金进货管理

确需现金进货的业务，由采购部根据采购计划及订单，经总经理审批后，方可在财务部借支现金进货。借支时必须在借据上注明进货品种金额和结账时间。剩余现金必须当天归还财务部。货物到达时，马上办理入库手续，并在入库后一个星期内到财务部结账。每超过一天罚款20元。

④大宗业务销货现金管理

家具店的批发业务销售原则是货出去、钱进来，钱货两清。如特殊情况发生赊销行为，须经总经理批准，并签订好合同，本着谁经手谁负责的原则，货送出未收回货款时，应从收货方取得欠条。货款收回后，应于当日上交财务部，未及时上交的，则按每天5%的比例收取滞纳金，如将货款收回后挪作他用的，处以一倍的罚款，情节严重的予以辞退，并追究法律责任。逾期未收回的货款由经办人负责全额赔偿。

⑤现金借支的管理

公司严格控制借支现金。

第一，差旅费借支的管理。因公出差，根据工作需要，经总经理批准后可以借支，在完成工作任务之后一星期内到财务部结账，逾期按每天5%的比例收取滞纳金。

第二，备用金借支。备用金是家具店特许特定人员因指定工作需要而长期持有的一定限额现金。备用金须单独存放，专款专用，备用金按出纳现金管理原则进行管理，财务部不定期检查备用金使用保管情况。

第三，其他借支的管理。公司员工原则上不得私人借支现金，特殊情况下，经总经理批准后，从财务部借款的，必须制订还款计划，严格按还款计划还款，逾期还款的从每月工资奖金中扣款，并按银行贷款利率计收利息。

⑥其他款项的管理

各部门的零星款项，如纸箱或其他收入的款项，由出纳员收取，收款必须开具盖有家具店财务章的收据。收款不开收据的视同贪污行为，处以100%的罚款。收款额未满500元的于次月1日上交财务部入账，满500元的随即上交财务部入账。否则，每天罚款5元。

3. 应对资金周转不灵

“转=赚”，这是这个时代最重要的商业特征；“赚=转”，是这个时代越来越多暴富者遵循的商业准则。过去最有效的赚钱手段是卖高价——提高利润率。今天最显著的赚钱手段已变成卖低价——提高周转率。过去利润高但是最终赚钱少，因为卖得少；今天利润低但是最终赚钱多，因为卖得多。所以无论投资什么，只有资金周转的越快你才能越赚钱。当然，开店也不例外。在同行业中你的资金周转比别人更快，你就最赚钱。

其实生意无不如此，一旦从事了某个行业，目标顾客群就固定了，此时你日思夜想的核心问题就应该是：如何将东西卖得更快？因为每周转一次，你才能达到企业经营的根本目的——赚钱。你周转得越快，赚的钱才越多。

当然，不同行业有不同的周转方式和周转周期。房地产几年才能交差，保暖内衣以一年为期，餐饮业则要求每天达到多次翻台率，以月为周期的行业更是数不清楚。你可以提高生产率降低成本加快周转，如格兰仕；可以提高品牌含金量刺激购买实现周转，如海尔；你可以扁平化，如美的；可以零库存，如戴尔。

总之在这个“快鱼吃慢鱼”的时代，你必须为改变资金周转率有所作为。

在家具店经营者中，真正懂得分析财务报表的并不多，不少店主甚至不看财务报告，只是凭销售现状来做财务安排，但在实施时往往资金又无法跟他预期的安排契合，结果就会出现资金紧张的问题。

资金是投资企业的命脉。家具店有了资金，才能保证经营活动的正常进行。家具店应在生产经营活动中合理、节约地使用资金，提高资金的经济效益。

据了解，造成资金周转不灵的原因是多种多样的，比如创业准备时对市场需求估计得过于乐观，或大环境造成市场需求降低、商品采购错误造成积压等，都会导致无法获得足够的资金进行新的投入。

管理者的经营战略错误最有可能出现资金周转不灵。比如，刚刚度过创业期，还没有真正站稳脚跟，就只管向前跑，谋求“大发展”，盲目扩大家具店的规模，进行多样化经营等，结果跌了个大跟头。

那么，如何才能避免出现资金周转不灵的现象呢？加快资金周转需要从以下几方面做起。

（1）做好资金储备工作

家具店做好资金的储备工作是为了保证正常经营所必需的资金，主要用于商品的采购，所以没有一定的资金储备是不行的。家具店应在对前期储备资金的占用进行分析的基础上，找出超储、积压和不合理占用的因素。在不影响家具店经营所需的情况下，储备资金的占用越少越好。

（2）库存量不要太多

我们“宁可少卖，不多库存。”库存一多，资金周转就会减慢。库存再多，资金周转就是做梦。

（3）使资金发挥最大的效益

家具店对资金的使用要有计划性。计划的制订要有根据，收入要有保证，对各项费用的支出要有限额，并进行跟踪考核，减少不必要的资金支出。

如果在收支计划中，发现收不抵支的情况，就应采取措施。一是尽量压缩支出；二是增加收入。如果在收支计划中，收支相抵后，资金余额很大，家具店可考虑用多余的资金来扩大再生产或进行其他投资，如投资发展连锁店等。避免因资金的闲置而造成的浪费。

（4）建立“薄利多销”模式

商品售价定得比同行低，虽然利润低，但顾客量增加，资金周转快，库存少，经营成本大为降低，实际获利大于同行。

（5）加快应收账款的回收工作

在家具店经营中，有一定信誉和关系的顾客，常采用记账、挂账等方式消费，在账面上形成了家具店的应收款。这种现象使家具店大量的资金被占用，造成家具店资金紧张。有些应收账款，在经历了一段时间后或因顾客方发生重大变化，而造成死账和呆账而无法收回，给家具店带来损失。因此，家具店对应收账款应高度重视，认真对待。对达到一定数额或欠款达到一定时期的顾客，应加强催款工作，使资金能及时回收。

第十章 家具感官品牌营销

二流企业造商品，一流企业创品牌。在消费者越来越挑剔、可替代性商品越来越泛滥的环境下，想要让你的商品突出重围，就必须创建持久的品牌。家具感官品牌营销就是突破传统的二维营销模式（视觉和听觉），加入其他的感官元素（味觉、触觉和嗅觉）以提升品牌的整体影响力，也就是“五感”品牌营销，创造出全新的五维感官世界——以声动人、以色悦人、以味诱人、以触迷人、以情感人，让顾客对品牌始终保持忠诚度。

第一节 只关注两种感官的品牌注定平庸

当下，家具营销已成强弩之末。很多新商品一经推出，就面临夭折的危险。由于信息泛滥，大多数广告都无法在消费者心中留下印记，强大的品牌越来越少了。

而强大的品牌，比如：红星美凯龙、居然之家、左右沙发、芝华仕沙发、顾家家居、美克美家、兴利集团、慕思寝具、楷模家具、仁豪家具、富得宝家具、宫廷一号、城市之窗等，它们都知道如何在消费者心中留下长久的印象。这有一个原则：它们至少要有一个非常鲜明的特色。

1. 广告业正在遭遇瓶颈期

20 世纪 50 年代末，第一次出现了关于品牌积极效应的记载。当时，消费者更倾向于购买有品牌的商品，而我们对品牌的大部分认知都起源于 50 年代到 60 年代间。

塑造品牌的“个性”始于 70 年代到 80 年代，包括给汽车、电脑和衬衫赋予价值、感受，以及区别于竞争对手的特征。从那时起，消费者对品牌的认知方式就很少改变了。

毫无疑问，营销部门在电视广告、平面广告、户外广告牌以及广播广告的执行中所投入的技术和创意都更加复杂了。但当今所有的传播手段都有一个共同点：它们都是以两种感官（视觉和听觉）为基础的。不过别忘了，人类还有其他三种感官等着你去发掘。

“重复”是广告商最常用的一种手段，以确保消费者理解并记住广告信息。平均每个人每天能看到或听到三次同样的广告。这都是不经意的，无论是在卧室、厨房，还是在机场，人们总是能接触到电视广告。毋庸置疑，一条信息被重复的次数越多，人们就记得越清楚。对品牌来说也是一样。

可惜的是，现在无数的电视广告都在用同样容易被人忘记的调子，同样毫无特色的画外音。更具有讽刺意味的是，现今大多数人都不看电视广告了，最多也就是在冲咖啡、熨衬衣、打领带、读书、穿衣服、套袜子、看手机、喝橙汁，或者和家人聊天时无意听到。当然，如果听到有趣的声音或广告词，我们也会时不时地注意一下屏幕，仅此而已。

但是，如果所有广告商都用同样的声音、画外音和背景音，那品牌的信息如何传达？

显然，无论广告商将同一条信息重复多少次，作用都是十分有限的。人们在看电视、翻杂志和听广播上花的时间越来越少了，而粗心的广告商还在投入大量资金。在过去几年中，广告商的成本每年都会提高，越来越多的资金被投入到广告宣传活动中，效果却越加微弱，更不要说令人难忘了。

总之，广告业正在遭遇瓶颈期。

2. 靠两种感官的广告很难打动消费者

事实上，大多数的品牌宣传活动收效甚微。因为在当今这样一个充满诱惑和刺激、注意力极易分散的世界里，消费者是很难被打动的。

华丽的图像和精良的画质已经派不上用场，无论怎么做，广告在消费者心中只是一闪而过，靠广告打造强势品牌的前景并不乐观。

但是，如果尝试把尽可能多的感官元素融入他们的传播信息中，将会怎么样？这种方法会有效吗？

打个比方，假如你要雇用一个新员工。首先你要做的就是浏览他的简历，然后再打个电话了解一下情况。最后再对有意录用的人进行面试。如果你没有亲自见过这个人，你很可能不愿意雇用他。

行为心理学家认为，我们对他人的印象有80%都来自于非语言因素。也就是说，大部分都是来自于感官的。这就是为什么你在雇用一个员工之前，必须要见他一面的原因。

现在，让我们回到品牌的话题上来。为什么在建立品牌时，把这80%的因素忽略了？当然有人会说，嗅觉和电视机是不可能结合在一起的。对此我的回应是：即使一个品牌无法通过电视机向你发出香味，但也不能阻止它通过其他方式把气味和品牌整合起来。

3. 品牌应该去影响和吸引尽可能多的感官

密歇根大学的研究者莱恩·埃尔德和阿拉迪娜·克里希纳曾提出：“由于味觉是从多感官衍生而来的，包括气味（嗅觉）、材质（触觉）、外观（视觉）和声音（听觉），如果一个广告能覆盖到以上这些感官，就比单独提及味觉要有效得多。”

两位研究者曾做过一个实验：他们让同一组志愿者观看了两个口香糖广告。一个写着“刺激你的感官”，而另一个写着“香气持久”。埃尔德先生指出：“多感官的广告激发了更多积极的感官效应，比单一感官的广告更大地提升了观众对味觉的认知度。不同的感官反应也决定了消费者对口香糖口味的评价。”

情感通过感官来吸引我们的注意力，从而影响我们的决策过程。能与消费者建立情感联结的品牌比其他品牌更加强大。

要始终保持品牌的领先地位，就要带给消费者全面的感官和情感体验。在广告中用视觉体现你的商品和服务已经落伍了，你要再加上点声音，比如音乐或几个强有力的词语或符号。图像和声音的结合可以产生 2+2=5 的效果。然后，你就要考虑加入其他的感官元素（如味觉、触觉、嗅觉等）以提升品牌的整体影响力。

第二节　“五感”协同作用：提升品牌附加值

1. 五感协同作用

我们去看电影吧，但要是去掉对白、音效和音乐的电影呢？我敢肯定你不想去了，因为它已经失去了所有的娱乐元素。好吧，再给你个选择：去掉图像和对白，只剩音效呢？还是一样，对观众没有任何吸引力。电影的乐趣来自声音和图像的结合，而且你要想办法让 1+1 不等于2，而是大于2。

也许你会质疑，1+1 可以大于 2 吗？如果我们可以把味觉、触觉和气味结合呢？我们不就能增加获胜的筹码吗？这个公式是不是就变成了：听觉＋视觉＋触觉＋嗅觉＋味觉 $=2+2+2+2+2>10$。

我们是否可以开发“五感”中两者之间的协同效应？闻起来很香的食物，吃起来是不是也很美味？手机越重，代表质量越好吗？被放在漂亮瓶子里的香水就更好闻吗？除了听觉和视觉方面，如果我们能加入嗅觉、触觉和味觉，难道不是给品牌附加了更大的价值吗？

2. 让顾客亲身感受

我们都知道，卖商品不如卖感觉，在销售过程中，一定要鼓励消费者去亲身试用、体验商品。如果不让顾客亲自感受一下，肯定是一次失败的推销。

顾客在一件商品前停下脚步，似乎很有兴趣的样子。

导购借机上前说道：“这件不错，喜欢的话可以试一下。”

顾客没有反应，又走到另外一件商品前，导购接着介绍道：“这是我们的新品，这个也挺适合您，可以感受一下。”

顾客转身就走，嘴里嘀咕：“嗯，你们卖东西都这么说，你们店里的哪个都不错，都适合我。”

我们案例中的导购显然是知道这一点，但是他的表达方法是错误的。“喜欢的话，可以感受一下”和“这是我们的新品，您可以感受一下”这两句话几乎成了中国零售家具店销售中的经典用语，有的导购只要看到顾客开始触摸就这么大声招呼，让顾客听得耳朵都起老茧。这些习惯性的用语会导致顾客不信任导购的推荐，可以说是我们导购自己的表现让顾客不把我们的建议当回事。

有经验的导购都明白：如果顾客接触甚至使用商品将消除陌生感并增加顾客对商品的好感，所以销售过程中如果积极地争取顾客做亲身体验，不仅可以延长顾客停留时间，更可以提升销售业绩。

我这样建议导购们引导顾客体验。

首先不可以过早提出体验的建议，除非顾客真的对商品产生操作的欲望，才可以用真诚自然的语调请求顾客体验。

其次导购要用自己专业的知识给顾客最贴切的建议，这样才可以获取顾客的信任，并且导购在建议顾客体验的时候一定要通过适当兴奋自信的语言来推动顾客去体验，用充分合理的理由使顾客产生一定要亲自试一下的冲动，这一点非常重要。

推荐手法也要多样尤其是在顾客对于体验犹豫不决的时候，可以运用肢体动作来引导顾客，比如有利的手势引导，拿起商品转身去体验台或者拿起商品直接为顾客演示等。

在引导顾客试用的过程中，还要时刻注意顾客的情绪变化。导购可以告诉顾客买不买都没有关系来缓解顾客压力，从而鼓励顾客体验。当然遇到顾客拒绝的情况不要轻易放弃，而应该想好如何再次要求对方体验的充分理由，并让顾客感觉合情合理。另外引导顾客体验要有个度，绝对不可以盲目坚持，当两次都遭到拒绝的时候，就不要做第三次建议了，否则就会让顾客有反感情绪。此时，导购可以通过真诚的探询来了解顾客的真实需求，并重新为顾客做推荐。

3. 卖商品，不如卖感觉

卖商品，不如卖感觉。其实方法并没有那么复杂，许多案例的成功往往就是因为简单的一句话：您亲身感受一下，我们相信您的感觉。

我们相信顾客的感觉，这种话术体现了两个方面内容，对我们商品的自信，相信它一定会让顾客感觉很好；对顾客眼光的信任，相信试过之后会做出正确的评价，这样引导顾客体验，整个过程自然、流畅，让顾客有不试都不好意思的感觉。认同顾客的选择并用兴奋的语调营造热销的氛围，然后迅速地引导顾客亲自体验商品的优点，遇到阻力的时候真诚询问顾客并寻求顾客意见，从而为再次推荐做好准备。

在介绍商品时，无论顾客是否购买，尽量引导顾客体验你的商品，让你的顾客亲自看一看、摸一摸、闻一闻、尝一尝，或操作一下商品胜过你的万语千言，特别是对于那些防卫心理特别强的人来说，这更是促成交易的润滑剂，而促使顾客体验的秘诀就在于让顾客相信接下来的体验一定会是有价值的，不是在浪费时间。

第三节　五感整合的多米诺效应

1. 五感的品牌应用

（1）视觉的魅力

视觉的魅力是无限大的，这几乎是不言自明的。

比如，我们说红木家具，就是呈红色的优质硬木的统称，是家具品牌中的优质材质。红木用材包括花梨木、酸枝木、紫檀木，它们不同程度地呈现黄红色或紫红色。

真正的红木非常珍贵，我国已很少有红木资源。现在生产红木家具所需要的原料，绝大多数要从南美洲、非洲和东南亚进口，价格相当昂贵。

（2）我们洗耳恭听

如果说嗅觉是连接记忆的，那么声音连接的就是心情。实际上，声音甚至创造了心情、感受和情感。试想一下，如果把声音去掉，你还会觉得电影《山楂树之恋》和《如果·爱》感人肺腑吗?

很多人都认为，失去听觉比失去视觉更加糟糕。海伦·凯勒在1910年的一封信中写道：“失聪比失明带来的影响更加严重和复杂。变聋是一种更加糟糕的厄运，因为这相当于失去了活力的源泉——声音带来的不仅是语言，还能活跃我们的思想，使我们和这个充满智慧的世界保持同步。”声音是如今的营销人员在品牌建设中运用的第二大法宝。

（3）嗅觉：激发情感触动

我们几乎不可能用文字描述嗅觉，所以我们会经常用形容食物和味觉的词汇描述一种气味。华特森曾说过，在所有的文化中，形容辅助气味（比如橱柜的气味）的词汇都太贫乏了。

那么，有多少品牌创建了自己的专属香味呢？在《财富》前1000名企业榜单中，只有不到6%的企业曾考虑过推出香味宣传策略，还不是做过！

每个品牌都需要给人一种清晰独特的视觉和听觉感受，那为何不考虑一下嗅觉呢？那种微妙的、不易被察觉的，又能和你的品牌息息相关的气味，甚至是难闻的气味。

（4）触觉：连接心灵与世界

你能描述出你喜欢的某个或多个品牌的材质吗？这可能不适用于很多公司的商品，但是在《财富》前1000名企业榜单中，有将近82%的企业是有条件利用材质进行品牌推广的。

（5）撩人之味

人类的味觉是通过味蕾产生的。一般来说，女孩比男孩的味觉更灵敏，因为女孩拥有的味蕾数量比男孩多。人类有大约1万个味蕾，大部分集中在舌头上，还有一些在喉咙后部和上颚。人对味道的认识各不相同。随着年龄增长，你的味觉会发生变化，敏锐度也会降低。你在儿时品尝过的饕餮美味，很有可能在成年后就不觉得那么美味了。

除了食品和饮料行业，运用味觉做品牌宣传还很少见。但是，这样做的确能增强品牌的力度。

2. 五感整合的效应

你一定听过这个词吧？“主菜”，也是厨师的招牌菜。在不同的套系中可能会有点变化，比如加点辣椒，或者换换配菜，但主菜始终不变，这永远是他们的主打节目。

这个现象很有趣，不仅因为主菜能让厨师在激烈的市场竞争中保有一席之地，而且还能衍生出与之相关的其他菜肴。一个餐厅之所以回头客多，是因为顾客都觉得菜单上的所有内容都能和主菜协调搭配。连餐厅的环境都会发挥作用：餐厅布置、服务员上菜的礼节、盘子的样式、刀具的手感和它碰撞盘子时发出的声音，以及所有工作人员的态度。

那么食物本身呢？这只是全部“感官之旅”中一个小小的环节。一道菜之所以难忘，是因为它和周边的种种感官体验一起发生的协同效应。如果厨师只重视色香味，那我会对这个餐厅的回访率表示怀疑。

感官品牌有着令人震惊的效应。是的，你可以做出一个惊人的广告片，或是一段让人挥之不去的广告曲，但是当二者结合起来时，会创造出两倍的效果。如果想要三倍、四倍，那就把其他的感官都加进来吧。

多个感官的结合能创造出一种多米诺效应。在大脑中，如果你激活任何一种感官，那么它就会跟着激活第二个、第三个……然后整体的记忆和情感就会立刻被打开。如果能结合两种感官，你只获得了 50% 的成功。把所有的感官整合在一起，才是每一个品牌应该达成的目标。

3. 希望拥有什么样的感觉

通过导购的讲解，顾客了解了一件商品，而且也亲自试了一下，可是就算是这样，顾客还是犹豫不决：“我是不是应该再比较比较或考虑一下？”

导购：“真的很适合，您就不用再考虑了。”
顾客想了想：“我还是回家和老公商量一下。”
导购无可奈何地答道：“那好吧，欢迎你们商量好了再来。”

我们在门店每天都会遇到这种情况，顾客其实也感觉东西不错，但就是犹豫不决，最后多以“与老公商量一下”“再比较比较或考虑一下”等为借口而离开，并且回来的概率非常低。

导购往往在顾客提出这些理由准备离开的时候，表现得特别慌乱，没有掌握正确的方法与技巧，从而使自己处于一个非常被动的地位。

“这个真的很适合您，还商量什么呢”给人感觉太强势，容易招致顾客的排斥心理，毕竟顾客花这么多钱买东西，与老公商量也是很正常的事情。

“真的很适合，您就不用再考虑了”牵强附会，空洞的表白，没有什么说服力。而无言以对地销售家具则显得太消极，没有做任何努力去争取顾客的生意。

“那好吧，欢迎你们商量好了再来”给人以没有做任何努力，并且还有驱逐顾客离开的感觉。因为只要导购这句话一出口，顾客为了避免留在原地的尴尬，就只有顺着台阶离开门店。我们有许多导购一遇到顾客提出类似问题，要么是不着边际地重复介绍，要么就是机械地强调优点，要么就是无言以对，显得非常被动和消极。

其实只要我们从以下三个方面来分析和处理该类问题，就完全可以大大提升家具店的业绩。

（1）找原因施压力，刚柔并济

面对顾客异议（无论是借口还是真实的拒绝），采取不作为的方式不仅不会让顾客感受到任何压力，反而让顾客可以轻易地逃脱，从而降低销售成功的概率。大量的门店销售案例告诉我们：适当给顾客施加压力，可以使导购变被动为主动，从而找到顾客离开的真正原因，有利于促进成交并提升销售业绩。但导购一定要把握好压力点：压力不可以太大也不可以太小。太大会让顾客讨厌你，太小没有任何作用。所以，我们可以直接而巧妙地询问顾客到底在考虑什么，是什么让他如此犹豫。

（2）对症下药，推荐立即买

不成熟的店面导购一旦遭到顾客的拒绝立即就会去处理，其实这样做会让我们非常被动。正确的做法是设法找到顾客的全部异议后，再根据其所有异议有选择地处理问题，并且一旦异议处理完毕后务必要有意识地立即去推动顾客做出购买决定。因为当顾客还在店里的时候，我们可以去影响并激发他的购买欲望和热情，一旦他离开我们就没有办法了。所以，专业的导购不会轻易让顾客离开，他们会抓住一切机会做销售。

顾客心理研究表明，顾客在拒绝导购的时候一般都不愿意过于直接，她会觉得这样会让导购难受，自己也会觉得不好意思，所以，顾客经常会以“考虑考虑”“与老公再商量商量”“比较比较”，等语言来为自己的离开找一个巧妙的借口。但也不排除有的顾客确实不希望现在做出决定，这类顾客大多因为购买信息不透明或者对购买决定不是非常有信心等缘故。所以作为导购首先要知道顾客这种说法到底属于哪种类型，也就是说一定要知道真正的原因。

首先认同顾客这种说法的合理性，争取顾客的支持，然后顺理成章地为顾客介绍其他几款货品，目的是延长顾客的留店时间、了解顾客的真实情况并为建立双方的信任打基础。用稍带压力的方式引导顾客说出自己拒绝的真正原因，然后解释并消除其拒绝点后立即引导顾客成交，最后如果顾客确实想出去比较一下，就适当后退一步，但一定要为顾客回头埋下伏笔。

第四节　点燃顾客的购买欲

顾客有了购买欲，导购的商品销售才会有成交的可能。那么顾客的购买欲何时才有，如果没有，导购是否应该等待欲望？不，对于导购而言，应该积极地去创造欲望、去点燃顾客的购买欲。运用自己的语言、表情、动作，去勾勒一幅能使顾客憧憬、觉得幸福的“使用后”画面。一旦达到了这种效果，成交就完成了一半。现在最为关键的就是如何勾勒这样一幅画面？需要从以下几方面着手。

1. 营造热销氛围

在商品的整个销售过程当中，良好的销售氛围是必不可少的，这种氛围能激发顾客的购买欲望。当然，这种欲望的激发是通过感染顾客、唤起顾客的好奇心和从众心理、并促使其参与购买行动来进行的。而要想营造这样一个热销氛围，就必须从卖场的道具、灯光、海报、彩条广告、促销陈列、背景音乐等入手，从各个方面来塑造与渲染热烈的销售气氛或商品热销的场景。

（1）道具、促销用品的摆放

商品的陈列、物品的摆放、展柜的设置等在具体的销售活动中能营造出一种热销的氛围，比如说到处粘贴宣传海报、在显眼处摆放促销广告牌等。这样做的目的就是在告诉顾客：这里的商品正在进行热卖，如果再不进来抢购，机会就会流失。这对于想要购物的顾客来说，能够起到极佳的提示与促销效果。

（2）声音的运用

利用声音的效果来吸引顾客已经是非常常见的促销方式了，比如说音乐的效果。音乐效果的高低好坏对商品的销售起到了很大的影响效果。常说“先声夺人”，声音能在第一时间内引起人们的注意。要想在家具店营造一种热销的气氛，就应该选用那些欢快的、热烈的音乐，而不是图书大厦经常播放的那种轻音乐。前者能让人变得热烈无比，而后者能让人变得更加冷静。

除了播放音乐外，导购还可以通过语言声音来营造热销氛围，比如说很多导购用一种急促的、高调的声音来招呼顾客进行购买，这同样会给顾客造成一种心理干预，让顾客从速购买，不再犹豫。

（3）从不同角度来刺激顾客的感官

绝大部分顾客认知商品是靠自己的视觉、听觉、嗅觉、味觉、触觉来完成的。而导购同样可以通过这些来刺激顾客的感官，达到促进销售的目的。

比如，让顾客能自由地触摸家具，这就是靠着视觉和触觉来吸引顾客；食品卖场，在试吃盒里放着食品让顾客试吃，这就是靠着味觉来吸引顾客；大型商场或者图书卖场，放着优美的音乐，这就是靠着听觉来吸引顾客。这些都是常用的促销手段，可以单独使用，也可以组合起来使用。

2. 用“如同”取代“少买”

（1）“如同”的购买方式

所谓“如同”的购买方式是指首先将商品的价格进行拆解，然后由导购把小数额的金钱以类似的形式，转化为顾客具体生活中所必须花销的数目，从而将其与顾客必须购买的其他商品等价，从而在心理上促使顾客接受。

（2）“少买”替代“如同”的影响

所谓少买是指顾客因为各种各样的原因负担不起商品的价格，并且通过“少买”来节省开支。虽然“如同”和“少买”都和支付不起商品价格的原因有关，但是两者对于销售结果来说差别却是很大的。这会引起顾客很大的心理落差，会让顾客产生不同的心理感受。

在销售过程中，如果导购将顾客接下来的购买行为与购买之后的痛苦相结合时，就会在不知不觉中降低顾客 80% 的购买欲望；而如果与快乐连接在一起时，则成功地刺激了顾客 80% 的购买欲望。

（3）名人

名人效应在很多卖场和销售过程中都被当成是第三者或者证据来促进顾客的销售。因为以名人第三者作为证据，顾客就容易信赖商品的质量和品位。若采用这种方法进行销售，导购需要注意在平常多积累名人证据。

（4）专家

所谓专家，是指在某一领域具有较强的专业知识且权威性强的人。在普通老百姓心目中，专家的话就是正确的。卖场正是利用人们的这种心理，请一些专家作为销售过程中的第三者来进行宣传，那么销售情况自然就不错。

3. 运用人性的弱点

人性的弱点有很多，比如说：少花多赚、好贪便宜、喜欢尊贵、乐于与众不同、喜欢攀比等，如果能利用好顾客的这些弱点，就能很好地激发顾客的购买欲望，达到促成销售的目的。

（1）多赚

所谓多赚的心态是指，顾客总是希望花最少的钱买最多的东西，买得越多，自己就赚得越多，这就是多赚的心态。要想满足顾客的这种心理，不妨采用赠品、降价的方式来进行。只要让顾客觉得钱没有白花，东西没有少买就行了，目的就算达到了。

（2）少花

与多赚的心态相对应，少花也是一种顾客典型的心理弱点。要想满足顾客的这种心理，诸如促销、打折、会员卡、免费维修、免费更换零件等销售方法都能取得很好的效果。

比如说在一些节假日或换季时期，很多卖场都会打出“降价促销”“打折优惠”的醒目招牌以吸引顾客的光顾；还有的卖场则设立各种各样的会员制度，以积分、优惠、返利等方式来吸引顾客的光临，这些都是建立在人们追求“少花钱、多办事”这种心理上的销售方式。

（3）尊贵

谁不想获得最高级的销售待遇，谁不想获得尊贵的身份？这同样是顾客的心理弱点。针对这个弱点，许多卖场打出了“优先权、金卡、会员卡”等招牌，在满足顾客虚荣心的同时，将顾客牢牢地吸引在自己的卖场中。

(4) 与众不同

现在是一个个性的年代，很多人都追求所谓的个性，特别是年轻人，更是喜欢追求与众不同。针对这种心理弱点，很多卖场推出了自由定制、甚至是DIY（自己制作）的商品，以此来吸引顾客的眼球。

(5) 比较心

所谓比较心其实就是一种攀比的虚荣心，比如说谁家买了一个高档的家具，那么另一家就会想着买一个更加高档的家具。这就是一种攀比心理。导购完全可以利用人们的这种心理来销售商品，比如说从商品的功能和特性、使用者等方面进行比较，真正激发顾客心中的购买欲望。

第五节　感官营销的目标：建立忠诚度

所谓感官营销，就是尊重消费者的感受，在营销过程中发掘消费者的真正需求，从顾客的利益出发，帮助顾客正确选择商品服务，满足顾客现有或潜在的需求，赢得顾客满意和忠诚的一种营销方式。从建立信赖开始，到了解消费者需求，再到商品说明及根据需求定制，直到最后的成交，提供针对消费者需求的针对性服务。

1. 建立信赖

建立信赖首先要做到与消费者亦师亦友。导购的形象既是专业人士，更是顾客的朋友。朋友，则以尊重为基础，以倾听为媒介。这就要求品牌的导购要尊重消费者，尤其是尊重他们对身份、地位的要求。

一方面要尊重客户对身份地位、品位气质的情感需求，给予他们最大的满足；另一方面要耐心倾听这些消费者对品牌的需求甚至抱怨。在尊重的基础上，给予朋友般的建议和意见，是感官营销理想的实施状况。

客户希望导购能提供专业化的指导，减少商品购买的风险。如果消费者在购买或选择品牌之前对该品类的商品毫不了解，又或者对所选商品品牌的特点、品牌文化毫不知情，那么导购应给予详细耐心的介绍。

提供专业化的意见，导购如老师、行家一般帮助消费者做出正确且符合自己需要的选择。这不但能赢得消费者的信任，而且有可能将消费者的购买行为从一次性的消费转变成长久性的友好合作关系。提供专业化的指导意见，给予朋友般的贴心服务，正是品牌建立信赖的第一步。

2. 满足需求

五感营销尊重消费人群的不同需求。消费者对品牌的需求更加精细化、多元化和差异化。消费者追求的核心价值已不再局限于商品本身的物理功能，而是更加看重品牌的企业文化、符号象征以及所带来的精神附加值。

品牌要在每一个方面满足目标消费者的需求。小到功能诉求、终端氛围，大到品牌文化、身份地位的象征，都应该以消费者的需求为立足点，使之体验到品牌所带来的细致入微的享受和贵宾般的荣耀。

同时，消费者的潜在需求也是感官营销需要挖掘的对象。导购既要清楚了解自己的商品和品牌，也要了解消费市场的行情；既要懂得最新的时尚潮流，也要懂得消费者的心理变化趋势。

总的来说，感官营销需要导购在专业化的基础上具有很强的分析能力，这样才能发现客户自身都未察觉的需求。感官营销从消费者的角度来看问题，理解他们对于身份、地位、时尚等元素的渴望，理解他们的需求，甚至可以看出他们未说的潜在需求。

3. 品牌的个性化定制

消费者的需求个性化导致了品牌的个性化——尽可能多地向消费者提供除基础功能之外的附加价值，例如品牌独有的文化、品牌所带来的时尚感以及品牌所赋予的独特身份地位等。这些都带来了品牌的个性化。

感官营销就是要通过提供这种个性化的商品和服务，制订适合消费者个人需求的解决方案来吸引客户，赢得他们与品牌的长期合作关系，形成对品牌的忠诚度。

这里的品牌个性化包括：培养独特的品牌文化，赋予个性化的时尚品位，及时提供商品信息，开发适合客户个性化的商品，给予客户最大的精神附加值，同一类商品的个性化定制、服务等。

4. 商品销售及售后：培养顾客对品牌的忠诚度

感官营销是一个多次营销过程互相联系的有机整体。上一次销售的结束就是下一次销售的开始。对消费者的劝服和品牌形象的建立不因一次销售的结束而结束。

在感官营销进行到销售环节，导购依据消费者的个人需求和喜好对商品的高品质、个性化、与之的匹配性一定有着或多或少的承诺。相比较于销售成绩而言，承诺的真实性和履行承诺显得更为重要。

同样地，感官营销还要求保持售后的感情联络。既然感官营销强调朋友一样的信赖感，那么销售结束后，时常与自己的目标人群保持联系增进感情是非常必要的。

感官营销还要做好反馈意见的工作。在完成销售以后，感官营销要尽量得到客户的意见反馈。可以定期的咨询客户；可以让客户参与品牌开展的活动来了解他们的使用心得；也可以邀请客户参与文化休闲活动，以交流的方式获得客户的意见。

这样的意见反馈，既满足了消费者希望得到他人尊重的需要，又能及时了解他们对商品、品牌的意见和建议；既有利于品牌的改进和创新，又有利于与客户保持情感的联系，可以说是培养忠实客户的重要一步。